COMMENT LUTTER
CONTRE
L'INCOMPRÉHENSION

D1698853

Gérard Douat

COMMENT LUTTER CONTRE L'INCOMPRÉHENSION

ÉDITIONS DE VECCHI S.A.
52, rue Montmartre
75002 PARIS

Malgré l'attention portée à la rédaction de cet ouvrage, l'auteur ou son éditeur ne peuvent assumer une quelconque responsabilité du fait des informations proposées (formules, recettes, techniques, etc.) dans le texte.
Il est conseillé, selon les problèmes spécifiques – et souvent uniques – de chaque lecteur, de prendre l'avis de personnes qualifiées pour obtenir les renseignements les plus complets, les plus précis et les plus actuels possible.

Remerciements : j'ai des pensées reconnaissantes pour Magali Vandame, dont la compétence et l'énergie ont été des plus précieuses (une fois de plus !), ainsi qu'à l'égard de Frank Marest, dont le coup de crayon reste unique en son genre.

Du même auteur, aux Éditions De Vecchi
– *L'Orientation professionnelle par les caractères*, Paris, 1997
– *La PNL*, Paris, 1997
– *Le Métier qu'il vous faut, l'orientation professionnelle par l'analyse du caractère*, Paris, 2000
– *Les Techniques du dépassement de soi*, Paris, 2000

Note : la force des dessins réside souvent dans leur outrance, leur humour ou la rémanescence du passé qu'ils suggèrent. Utilisez les dessins de ce livre comme des outils d'aide à la réflexion et non comme des illustrations stricto sensu des textes. L'humour est une porte agréable à la découverte.

Avant-propos

Épigraphe...
« Ce qui afflige l'un fait la joie de l'autre ;
les cœurs ont des secrets divers,
incompréhensibles à d'autres cœurs[1]. »

Les plus grands cerveaux et les meilleurs cœurs s'évertuent, depuis des millénaires, à prodiguer des recommandations aux humains pour qu'ils se décident enfin à s'intéresser un peu à leur prochain.

Les hommes d'Église, les philosophes et les « psy » s'y essaient depuis longtemps, sans grands résultats. Dans trois cents ans ou trois mille ans, il est probable qu'il en sera encore ainsi. C'est pourquoi je me suis demandé s'il n'y avait pas quelque vanité de ma part à proposer mes petites recettes pour encourager mes semblables à se demander, de temps en temps, s'ils n'ont pas tort de donner raison à ceux qui ont peut-être tort et de donner tort à ceux qui ont peut-être raison.

Qui n'a remarqué la bêtise absolue de certaines de nos querelles qui, presque toujours, n'ont d'autre origine que notre amour-propre ou nos petites passions, même s'il nous est agréable de leur attribuer des causes plus nobles ? Je me propose donc de réfléchir à la nature des incompréhensions dont nous sommes auteurs ou victimes, en indiquant quelques « trucs » pour éclairer les esprits et ouvrir les cœurs.

La difficulté est immense, parce qu'il y a ceux qui jouent les incompris et ceux qui ne veulent rien comprendre. Il y a les instruits qui, souvent, ne regardent pas les ignorants, pendant que ceux-ci, parfois, les envient ou les haïssent. Il y a des puissants, qui dédaignent les « traîne-savates », tandis que quelques-uns de ces derniers rêveraient de les égorger, sans parler de milliardaires malins, dont le grand souci consiste à feindre un vif intérêt pour les « gueux » afin d'avoir la paix. Il est vrai que les « sans-grade » ne

---

1. Chateaubriand, *Mémoires d'outre-tombe*, tome II.

s'y laissent pas toujours prendre. Il y a aussi les bleus et les blancs qui ne supportent pas les rouges et réciproquement, même si les trois couleurs sont associées sur leur drapeau. L'atelier et l'usine regardent de travers le bureau du patron, pendant que ceux qui sont nés au Sud lorgnent vers ceux du Nord, qui comptent sur l'Est ou l'Ouest pour les sauver.

Il y a aussi les esprits forts tout disposés à accepter n'importe quelle turlutaine de la pensée magique, mais qui ricanent devant les phénomènes qui déroutent la raison. C'est de tout cela dont je m'entretiendrai avec vous. Je tenterai de démontrer que l'incompréhension vient bien souvent – entre autres causes – d'une pensée et d'un langage pauvres. Je tenterai à mon échelle de donner quelques moyens pour les enrichir, en décryptant une partie du vocabulaire moderne de l'informatique, ainsi que quelques formules latines dont la connaissance peut être utile en certains lieux ou certaines circonstances. Quelques tests de logique aideront enfin le lecteur à aiguiser son esprit et à se préparer à certains tests d'embauche. Puisse cet ouvrage être une confirmation de la belle parole de Paul Valéry, dans *Alphabet* : « Il n'y a qu'un abîme entre nous, qui ne sommes rien l'un sans l'autre. »

Qui n'a remarqué la bêtise absolue de certaines de nos querelles

6

Comment lutter contre l'incompréhension ?

Tout le monde connaît l'anecdote militaire de l'officier s'adressant à un subordonné de façon lapidaire pour lui dire : « N'oubliez pas que tout homme qui ne se fait pas comprendre est un imbécile. M'avez-vous compris ? – Non, mon capitaine ! »

Il est difficile de vérifier l'authenticité de cette petite histoire. En tout cas, nous avons tous eu à subir la phrase classique, qui est une épreuve pour l'amour-propre : « Vous n'avez rien compris. » Il est vrai qu'il nous est arrivé d'en dire autant à d'autres personnes. Mais nous avons eu peut-être la satisfaction d'entendre une âme tendre nous dire : « Vous au moins vous me comprenez. » C'est une satisfaction compensatrice, même si l'on sait qu'elle a été dite à d'autres. Nous avons en effet beaucoup de mal à nous faire comprendre et notre premier réflexe est de penser que la personne qui est en face de nous est bête comme une mule. Nous ne nous demandons pas si le compliment ne pourrait pas nous être renvoyé.

On imagine la somme colossale de malentendus ou de conflits qui n'ont pas d'autre origine que l'inaptitude à se faire comprendre. Il doit bien y avoir des raisons à cet état de choses. Nous allons essayer de les découvrir et tenter de remédier à ce dialogue de sourds.

Mais comment se faire comprendre ?

Certains essaient avec courage de se faire comprendre, à commencer par les gens de l'enseignement. Mais s'ils avaient trouvé une recette infaillible, applicable à tous les auditoires en général et à chaque élève en particulier, les journaux en auraient parlé et nous le saurions depuis longtemps.

Il est probable que l'on n'a aucune chance de se faire comprendre si l'on pense d'avance que tous les efforts sont vains. Certaines personnes estiment superflu de chercher à transmettre des vérités ou des connaissances à d'autres sous prétexte qu'elles seraient inaptes à les saisir et à les utiliser. Ce point de vue hautain contient sans doute une part de vérité. Mais les autres ne sont pas seuls à ne pas comprendre ce qu'ils lisent ou entendent. Nous aussi sommes dans ce cas. Bien des êtres passeront à côté de nous et même très près sans avoir jamais saisi ce que nous ressentions ou voulions exprimer, et ne nous est-il pas arrivé de ne rien percevoir des sentiments et des idées de personnes pourtant bien disposées à notre égard ?

Recherchons les causes… Peut-être pouvons-nous déjà dégager un embryon de causes à nos difficultés en pensant au sentiment de supériorité à l'égard de nos interlocuteurs ?

Les méfaits du langage savant...

Il n'est pas douteux que l'usage d'un vocabulaire technique et professionnel devant des personnes qui ignorent tout de telle ou telle spécialité est le meilleur moyen de n'être pas compris.

Remarquez bien que cette pratique n'est pas rare. Les services publics et les administrations en savent quelque chose. Lorsqu'une caisse complémentaire écrit à l'un de ses adhérents qu'il a versé le « TM », elle se fait des illusions sur nos capacités de décryptage.

L'une des premières recommandations à faire au personnel de toute entreprise consiste à ne jamais utiliser de mots techniques d'usage interne devant un client. Il y a un vocabulaire particulier à chaque métier et il importe peu à celui qui vient acheter son pain d'entendre le boulanger lui demander s'il le veut alvéolé ou non. Les médecins veillent soigneusement à ne pas utiliser de termes particuliers devant leurs patients, même si la médecine se servait autrefois d'une terminologie obscure et bien commode pour dissimuler son incapacité à guérir les gens. Molière s'en est bien gaussé. Sganarelle, le faux médecin, s'exprime ainsi dans *Le Médecin malgré lui* : « *Cabrucuas arci thuram, catalamus, singu lariter, nominativo baec musa, le musc, bonus, bona, bonum, Deus sanctus, estre oration latina ? Etiam* " oui " *quare* pourquoi *? qui a substantivo et adjectivum concordat in generi, numeum et casus.* » Ce latin de cuisine est bien destiné à montrer que le vocabulaire abscons peut être un moyen de se dérober à ses responsabilités ou pour dissimuler une incapacité.

Question d'actualité. Même si les médecins évitent d'utiliser des termes compliqués et inconnus du public, ils ont une satisfaction intime – même chez les praticiens sans pédantisme – à se savoir détenteurs d'une science et d'une terminologie plus ou moins ésotériques.

... et du langage simpliste

Pourtant, cette nécessité ou ce désir de se mettre à la portée de tout le monde n'est pas pur et comporte un danger : celui de contribuer à laisser ceux qui ne savent pas grand-chose tremper éternellement dans leurs ignorances.

Si les gens instruits et intelligents affectent la simplicité et adoptent un vocabulaire indigent sous prétexte d'être compris, ils méconnaissent leur devoir d'aider les autres à progresser. Le devoir de ceux qui ont des connaissances est de nous les transmettre avec talent et habileté, comme c'est le rôle de ceux qui ont de la fortune de la mettre en circulation afin qu'elle fructifie au profit de tous.

Pas de fausse simplicité ni de pédantisme... Il apparaît d'emblée qu'il nous appartient de nous tenir à mi-chemin entre le pédantisme hautain et l'attitude démagogique, qui consiste à paraître simple et à parler comme si l'on s'adressait à des gamins ou à des débiles. Il faut d'ailleurs une bonne dose de mépris et de vanité pour s'imaginer que l'on ne peut être compris qu'en usant d'un langage sans nuances ou même trivial.

Les hommes politiques tombent souvent dans ce travers lorsqu'ils se mettent à haranguer la foule, mais cela ne les empêche pas de lui faire mille flatteries à chaque occasion. Nous nous apercevons donc que les obstacles à la compréhension sont liés à la forme du langage et à la nature des caractères. Mais il en existe bien d'autres que nous allons examiner.

Plusieurs attitudes qui génèrent l'incompréhension

LE SENTIMENT D'IMPORTANCE

Parler un langage incompréhensible devant des oreilles (forcément) inaptes à le saisir est une déraison, mais que dire de ceux qui s'enferment dans une tour d'ivoire et attendent presque d'être implorés pour laisser tomber de leurs augustes lèvres quelques mots à saisir au vol ? Nous avons tous connu de ces êtres si avares de paroles qu'il faut leur arracher un mot de consentement ou une amorce d'opinion, sans qu'ils daignent participer au moindre dialogue. Là encore, il y a difficulté de compréhension à partir du moment où il faut interpréter un silence ou un grognement.

Certaines fonctions poussent ceux qui les exercent à adopter un mutisme que, parfois, ils aiment faire passer pour de la profondeur ou de la circonspection. On a envie de leur dire de ne pas prendre ce petit air d'importance. Dans sa fable *Le Rat et l'Éléphant*, La Fontaine écrit : « Se croire un per-

Il y a les muets, mais il y a aussi les bavards, des individus atteints d'incontinence verbale. Ils disent tant de choses en si peu de temps qu'il est impossible de comprendre ce qu'ils ont voulu signifier. Si ceux qui écoutent sont distraits ou ne sont pas aptes à déceler l'essentiel, il en résulte une incompréhension mutuelle peu propice à faire avancer les discussions.

sonnage est fort commun en France On y fait l'homme d'importance. » Si un jour ces gens sont allongés au fond d'un lit d'hôpital et rongés par une vilaine maladie, ils n'auront plus le goût de se donner des grands airs. C'est pourquoi il vaut mieux être simple et modeste dès maintenant. Nous avons tous connu de ces personnages artificiels bien campés derrière leurs bureaux et qui octroient dédaigneusement un mot ou deux d'un air las, comme si leurs paroles étaient d'essence divine.

LE MANQUE D'ÉCOUTE

Mais les coupables ne sont pas toujours ceux qui s'expriment. Il y a ceux qui ne savent pas écouter. Leur attention est si médiocre qu'ils font répéter, bien que n'étant atteints d'aucune déficience auditive. Ils ne sont pas moins agaçants que les muets ou les volubiles.

Savoir écouter est un indice de courtoisie et donc d'intérêt pour le voisin. Nous avons vu que les personnes qui se complaisent dans le monologue trahissent leur vanité ou leur égoïsme.

Cet isolement est, hélas, assez typique des personnes âgées. Elles n'écoutent rien ni personne. Car, avec l'âge, on ne perd pas que la souplesse des articulations, mais aussi celle du cerveau. Ce phénomène est même un indice de sénilité : lorsque tel homme politique autrefois brillant se met à ne plus vouloir écouter le moindre conseil et considère toute opinion différente de la sienne comme négligeable, il est temps qu'il prenne sa retraite.

Malheureusement, beaucoup de personnes encore jeunes sont dans ce cas. Au moins 10 % des jeunes appelés au Service national seraient incapables d'un minimum de concentration mentale. La racine du mal se trouve évidemment dans la forme d'enseignement qu'ils ont reçue. Puisque personne ne les a habitués à apprendre des définitions ou à retenir par cœur certains textes, on ne voit pas pourquoi leur attention serait aiguë. Mais, si presque tout le monde se met à comprendre tout de travers, on imagine facilement à quel point les manipulations sont faciles à exercer. Les idéologues peuvent inventer des formules creuses et vagues, elles trouveront un écho dans les esprits flous et perturbés par des sentiments vulgaires, tels que l'envie, par exemple.

LE MANQUE DE RESPECT DE L'AUTRE

Des deux conditions pour bien écouter (être attentif et courtois), laquelle est la plus importante ? Sans conteste, c'est le respect de ce que dit l'interlocuteur. Ne pas attendre la fin des phrases pour réfuter une opinion est le contraire du dialogue. Pourtant, nous ne cessons d'entendre des invitations à l'« écoute ». Jamais ce mot ne fut autant à la mode. Mais nous vivons justement dans une époque où l'on idolâtre sa propre opinion, avec un refus absolu de supporter au moins un instant l'énoncé opposé.

Il y a quelques domaines où les querelles verbales jaillissent vite. La politique est un bon exemple. La raison en est simple. Nous pouvons en parler sans y connaître quoi que ce soit. C'est un domaine qui se prête aux affirmations vagues, dans lesquelles on décèle beaucoup plus de sentiment que de connaissance.

Il est en effet difficile de parler avec pertinence de questions médicales si l'on n'est pas médecin, puisqu'il faut s'appuyer sur des faits vérifiables. Il en est de même de toutes les spécialités techniques. Mais, en politique ou en religion, tout le monde a ses petites idées.

L'INCOMPÉTENCE

Ne serait-ce donc pas déjà une solution que de s'habituer à ne traiter que de questions pour lesquelles on dispose d'une information solide, puisée à des sources diverses ?

Car les incompréhensions viennent bien souvent des ignorances. Il suffit de se rappeler les réflexions entendues à propos de bien des sujets.

Dire que l'espagnol est facile est une opinion largement répandue. Soyez sûr que celui qui l'exprime ne sait pas un mot de cette langue. Pour faire de l'informatique, il faudrait être bon en mathématiques. Cette assertion est on ne peut plus fausse et les exemples d'excellents informaticiens dont les connaissances en mathématiques se sont arrêtées en classe de première ne sont pas rares. Autre cliché : les hommes qui défendent les pauvres gens ont vraiment du cœur. En êtes-vous bien sûr ? Les raisons d'une telle démarche pourraient bien être fort différentes...

La colère contre la compréhension

Comment donc peut-on faire avancer une conversation de façon qu'elle apporte un petit enrichissement intellectuel aux deux – ou plus – protagonistes si l'on ne fait qu'asséner des paroles vides de sens et simplement juxtaposées ? Une bonne idée de ce type de dialogue complètement stérile fut donnée un jour par Voutch, un excellent dessinateur humoristique : il avait représenté une vieille dame debout devant son mari assis confortablement dans son fauteuil, et qui l'invectivait : « Tu ne connais pas mes problèmes de femme ! Tu ne sais rien des femmes ! Tu ne comprends rien aux femmes ! D'ailleurs, tu n'es même pas une femme ! »

On voit comment le ressentiment et la colère finissent par inspirer des paroles absurdes et la mauvaise foi. L'incompréhension engendre donc des souffrances, des querelles et bien souvent des massacres. Le fait de vouloir entreprendre un modeste travail pour contribuer à plus de compréhension entre les humains peut relever de la chimère. Essayons tout de même, tout en restant très lucide sur la nature humaine, qui n'est pas près de changer. Il est banal de trouver des personnages qui n'ont aucun désir de mieux comprendre leurs interlocuteurs. Ils sont tellement dévots

UN EXEMPLE CONNU D'INCOMPRÉHENSION...

Les homéopathes fondent leur science sur un principe : la loi de similitude, c'est-à-dire *similia similibus curuntur*. La méthode consiste à soigner les malades au moyen de remèdes à doses infinitésimales censées produire sur un individu sain des symptômes similaires à ceux de la maladie à vaincre.

Mais le principe des allopathes est le suivant : *contraria contrariis curantur* (du moins est-ce ainsi que l'expriment certains homéopathes). En d'autres termes, les médecins traditionnels soignent à l'aide de remèdes qui détruisent les microbes et les virus. Dans ces deux formules latines, deux mots seulement sont différents, et pourtant l'opposition entre les deux conceptions est probablement irrémédiable pour longtemps.

Il est donc permis de se demander s'il ne serait pas profitable – d'abord aux malades – que les médecins dits allopathes se mettent à essayer de comprendre le principe des homéopathes et surtout à recueillir un maximum de statistiques et de renseignements sur les résultats obtenus par cette méthode. Quant aux adeptes fervents de l'homéopathie, ils auraient intérêt à se demander ce qu'il adviendrait s'ils étaient atteints d'une maladie virale grave ou d'une affection d'origine génétique.

de leurs propres convictions qu'il leur est pénible de prêter la moindre attention à ceux qui soutiennent un point de vue opposé. Regardez par exemple ce qui se passe pour la manière de soigner les maladies.

Quand les manies nous manipulent

Les idées fixes sont peu propices à l'ouverture d'esprit. Nous voici donc munis d'un autre motif d'incompréhension : les manies. Elles sont très fréquentes et nous en avons tous.

Si d'aventure nous apprenons que tel produit de la terre est bon pour les artères ou les cheveux, nous voulons en consommer des quantités à chaque occasion, en oubliant qu'il y a toujours un seuil à ne pas franchir et, surtout, que ce qui est excellent pour monsieur ou madame X n'aura aucun effet sur l'organisme de monsieur ou madame Y. Et comment oublier que tel produit n'est jamais sans inconvénient ? Les médecins savent bien qu'ils peuvent permettre à tel patient la consommation de telle boisson et l'interdire absolument à tel autre. En d'autres termes, l'attachement à des marottes est aussi une cause d'incompréhension.

L'incompréhension due au manque d'intuition psychologique

L'énumération des causes possibles de l'incompréhension n'est pas close. Il est facile d'en découvrir une énorme : le manque de perspicacité à l'égard des autres.

Il est des personnes instruites, intelligentes et pleines de bonne volonté, qui ne demandent qu'à écouter ce qui leur est dit, et d'autres qui passent systématiquement à côté de ce qu'il serait urgent de comprendre chez le voisin ou chez un proche. Là comme ailleurs, il n'y a pas d'égalité entre les êtres. Nous avons tous connu d'excellents hommes très serviables et indulgents, mais qui ne comprennent pas le minimum de ce qu'attendent leurs collègues, leurs subordonnés, leur supérieur hiérarchique ou leur femme. Ils peuvent s'enthousiasmer pour des êtres qui n'ont pas le moindre intérêt pour eux et se méfier de ceux dont les dispositions de cœur et d'esprit leur sont des plus favorables.

Comprendre un proche ou son prochain nécessite non seulement un minimum d'intérêt pour lui, mais aussi un peu de lucidité. Ne croyez pas que c'est l'instruction qui la donne. Il y a des femmes qui n'ont jamais lu les classiques et encore moins les traités de psychologie, mais qui devinent à la perfection ce qu'attend leur compagnon, sans même qu'il ait besoin de l'exprimer. Le problème est de savoir comment acquérir cette perspicacité. Il est possible qu'elle soit innée. Cette sagacité vient avec l'oubli de soi. Comment une personne qui n'a d'intérêt que pour elle-même pourrait-elle deviner ce que l'autre ressent ?

Honoré de Balzac avait des quantités de graves défauts, mais rien de ce qui concernait les humains ne lui était indifférent. C'est pour cette raison qu'il fut si bon psychologue. La femme ou l'homme qui ne s'intéresse qu'à ses souliers, à son corps et à son compte en banque n'a aucune chance de déceler ce qu'attend son compagnon ou sa compagne.

Garder la tête froide

Comment peut-on comprendre et admettre des reproches si l'on s'en irrite aussitôt ? S'échauffer pour le moindre grief prononcé à notre encontre, ou être incapable de faire une remarque sans élever la voix, ou encore lancer des invectives prédisposent mal à la compréhension. Les personnes qui n'ont pas d'empire sur elles-mêmes n'ont aucune chance de comprendre quoi que ce soit de quelqu'un d'autre. Mais, de tous ces motifs, le plus important est sans doute l'ignorance. Celle-ci apparaît dans les plus simples faits de la vie quotidienne.

Il y a l'automobiliste qui tape sur son klaxon avec furie parce que la file qui le précède ne bouge pas. Il ne lui vient même pas à l'esprit que l'automobiliste qui se trouve en tête est arrêté par un piéton ou un obstacle quelconque.

Mais il y a des incompréhensions beaucoup plus importantes telles que celles qui opposent les fidèles de telle ou telle religion ou les adeptes de telle idéologie. Quoi d'étonnant à ce que bien des gens rêvent d'une sorte de salmigondis général dans lequel chacun trouverait son compte ! Mai, nous verrons qu'il s'agit là d'une aimable chimère. Le fait de mélanger les meilleurs produits ne donne pas fatalement un mets savoureux. Nous en reparlerons bientôt.

De la nécessaire modestie d'un tel ouvrage

Les quelques considérations que vous venez de lire sont une première approche de la question. Destinées à rechercher les principales causes d'incompréhension, nous verrons qu'elles ouvrent la voie à des réflexions plus approfondies.

POUR RÉSUMER

Essayons donc de résumer en quelques phrases les causes principales d'incompréhension entre les êtres. Mais, comme il ne suffit pas de les déceler et d'en faire l'analyse, nous indiquerons quelles solutions sont envisageables tout en restant lucide sur les résultats.

Je n'ai pas la prétention d'influer sur la nature humaine. Mais il ne faut pas mésestimer la capacité de compréhension de ceux qui nous approchent ou que nous approchons. Car si l'on pose comme principe que nous sommes plus intelligent que nos voisins, nous aurons peu de chances de les comprendre et eux pas davantage. Voici donc quatre grandes règles.

● Essayer d'adopter un langage clair et accessible à tous. Si l'on se sert d'un vocabulaire particulier à une profession ou d'abréviations mystérieuses que seuls des initiés connaissent, il est impossible d'obtenir la moindre communication. Mais attention ! Il ne faut pas retomber dans l'orgueil imbécile qui consiste à se servir d'un langage benêt en croyant qu'il est à la portée de tous. Il faut se rappeler que les personnes instruites en quelque domaine ont un devoir de faire partager une partie de leur savoir. L'affectation de la simplicité est aussi condamnable que le pédantisme.

● Ne pas être avare d'explications. Les personnes condescendantes qui se complaisent dans le genre sphinx pour se donner un air impénétrable sont ridicules. Elles veulent donner une valeur exceptionnelle au moindre mot alors qu'elles ne suscitent qu'irritation. Lorsque nous parlerons de la vie en entreprise cette question sera examinée.

● Savoir écouter est aussi une bonne façon de comprendre ce qui nous est dit. Comment saisir les paroles de l'autres si ses phrases sont interrompues avant d'avoir été prononcées jusqu'à la fin ? Il y a des habitués de ces pratiques. Nous verrons l'importance de ce point lorsque nous passerons en revue les phénomènes liés à la vie de l'entreprise.

● S'habituer à ne pas répondre à côté du sujet soulevé. Ce serait un grand progrès pour l'humanité si tout le monde y parvenait. Passons rapidement sur les praticiens de l'esquive et de la parade. Tout le monde sait que de faux habiles font semblant de ne pas comprendre pour éviter de donner une réponse claire et précise, ou simplement parce qu'ils ignorent tout de la question. Mais le plus souvent il s'agit d'une incapacité à concentrer son attention sur un point. On répond à côté de la question pour ne l'avoir pas comprise.

Il s'agit maintenant de se pencher sur les innombrables formes que peut prendre cette incapacité à être sur la même longueur d'ondes que nos interlocuteurs, nos proches ou nos amis. L'enjeu est de taille, puisque les incompréhensions dégénèrent parfois en querelles interminables ou même en batailles sanglantes, qui se succèdent pendant des siècles.

En effet, les amateurs d'histoire savent bien que les conflits entre les peuples se renouvellent régulièrement. Il est vrai qu'il existe de longues trêves, mais les lieux où l'on se hait entre voisins sont, étonnamment, toujours les mêmes.

Il sera plus difficile d'indiquer des remèdes à ce genre de situation qu'aux querelles privées. Existe-t-il, d'ailleurs, une similitude de nature entre conflits individuels et collectifs ? Il y a sans doute en premier lieu une ignorance réciproque. Mais comment modifier les points de vue et, surtout, les sentiments ou les passions de toute une foule ?

Je m'en tiendrai donc sagement à chercher des solutions pour les conflits privés de toute nature. Je vous invite donc à partager ma réflexion sur les origines probables des incompréhensions entre individus. Je le répète : la simple constatation et l'analyse des causes ne serviraient pas à grand-chose, si elles n'étaient pas assorties de solutions ou, au moins, de palliatifs. À défaut de remèdes miraculeux, les médecins prescrivent des produits qui atténuent ou suppriment la douleur. Notre ambition est analogue.

Pourquoi ne sommes-nous pas compris ?

Le premier cas qui nous vient à l'esprit est celui des rapports entre l'homme et la femme. Ils ont donné lieu à d'innombrables commentaires et à des œuvres littéraires. Le sujet peut être traité de façon comique ou tragique, parce que les querelles engendrées par la cohabitation prennent tous les aspects.

Ne pas être compris par ses proches

ÉPOUSE ET INCOMPRISE

S'il n'y a pas de vie en commun, les problèmes ne sont pas absents pour cela : l'homme qui vient voir une femme tous les quinze jours a eu le temps d'inventer des griefs contre elle – et réciproquement.
Mais prenons d'abord l'exemple du mari et de la femme. Les éternels griefs ! Même si cela fait parfois cliché, nous en avons repris le catalogue. Il s'agit d'un couple classique : lui travaille, elle non (il en reste quelques-uns).

● L'épouse trouve souvent que son mari a quelque chose de lointain, qu'il ne lui dit que des choses insignifiantes alors qu'il est intarissable avec les invités. Elle a parfois l'impression qu'il garde pour les autres une bonne partie de l'intelligence qu'elle veut bien lui attribuer encore.

● Elle ne comprend pas qu'il soit morose ou agacé dès le matin, et pratiquement muet le soir à son retour à la maison. Lorsqu'elle lui en fait la remarque, souvent, elle ne manque pas d'invoquer les enfants : selon elle, son mari devrait leur parler bien davantage, s'occuper de leurs devoirs et même entrer en relations avec les professeurs.

● Chaque fois qu'elle revient de chez le coiffeur, il ne lui dit presque jamais que sa coiffure est réussie.

● Elle aimerait aussi qu'il s'intéresse un peu plus à la santé de sa mère âgée et veuve et qui – paraît-il – souffre de la solitude.

● Il a toujours l'air de penser que les maigres dépenses qu'elle consacre à son habillement sont plus importantes que les siennes.

● Elle a souvent remarqué qu'il soigne particulièrement sa tenue lorsqu'il va à son bureau ou se rend chez des personnes qu'elle ne connaît même pas, alors qu'il reste négligé à la maison ; ainsi, non seulement il garde son sourire et sa bonne humeur pour l'extérieur, mais aussi son souci d'élégance, comme si les vêtements hors d'usage et l'aspect grognon étaient réservés à l'usage domestique. Et qu'y a-t-il de plus agaçant que d'entendre un mari rabâcher à longueur d'année qu'il est exigeant sur la tenue des représentants dont il a la charge, alors qu'il se laisse aller en présence de sa femme ?

● Mais il y a plus grave : il ne manque pas une occasion de décrire à son épouse les qualités et le charme de certaines de ses collègues. Il fait passer ce genre de propos pour de la franchise car il prétend n'avoir rien à dissimuler.

Elle fait tout ce qu'il faut pour rester « appétissante »

● L'autre jour, il est revenu un peu triste à la maison en disant qu'il était ennuyé parce que l'assistante était malade. Il dit qu'elle est l'âme du service, que l'on ne saurait se passer d'elle.

● Et c'est alors que l'épouse ne se souvient plus si son mari lui a dit, au moins une fois : « Heureusement que tu es là. » Il donne même l'impression que son désir est émoussé, alors qu'elle fait tout ce qu'il faut pour rester « appétissante ».

● Après tout, lui aussi connaît déjà une petite dégradation corporelle. Elle lui a même fait remarquer gentiment qu'il devrait veiller à son embonpoint naissant et modérer sa consommation de vin (et même de tout). Il devrait comprendre que personne n'est obligé de se gaver, même en présence de collègues sympathiques.

● Elle a aussi remarqué que son mari était essoufflé lorsqu'il s'amusait avec leur jeune garçon et que sa minceur de vingt-cinq ans, qui l'avait séduite, n'est plus qu'un tendre souvenir.

● Il est vrai que l'usage du tabac doit en être une des raisons. Elle lui a demandé mille fois de cesser de fumer, ne serait-ce que pour éviter que ne jaunissent ses dents. Il n'en tient aucun compte en prétendant qu'il fume peu et donc ne court aucun danger. Son argument préféré consiste à citer le cas d'un collègue de cinquante-cinq ans qui a toujours fumé et se porte comme un charme... Rien n'irrite plus sa femme, qui cite d'autres cas, dont plusieurs ont eu une issue dramatique, bien connue des médecins.

MARI ET INCOMPRIS

Le mari n'est pas en peine pour trouver des griefs contre son épouse. Il les exprime avec une sorte d'aigreur au cours de cette scène de ménage type, toujours dans un couple type, où lui travaille et elle non.

● Il considère qu'elle est un peu routinière à tous les points de vue et, finalement, lui trouve peu de relief.

● Ce qu'il voudrait est un peu la quadrature du cercle : il attend une attitude et une conduite très conformes à ce que commandait une certaine tradition et, en même temps, voudrait un peu d'originalité et plus d'entregent afin de faciliter sa carrière. Selon lui, sa femme est incapable d'élargir le champ de leurs relations et ne songe à inviter que des personnes insignifiantes.

● Sa femme lui fait remarquer que, si elle s'ingéniait à connaître des gens influents, lui ne manquerait pas d'en être un peu humilié, et même agacé, car ce ne serait pas lui qui les aurait trouvés. Par ailleurs, elle estime que les invitations sont onéreuses et que lui ne se rend pas très bien compte que son salaire est insuffisant pour tenir table ouverte.

Ces querelles idiotes que toutes les personnes, mariées ou non, connaissent révèlent à quel point les causes sont dérisoires. Elles reconnaissent bien clairement l'insignifiance de ces brouilles quand celles-ci sont passées ou lorsqu'un certain âge a été atteint. Quand cette époque est venue, ce n'est pas forcément l'indifférence ou le désintérêt qui prévalent, mais le sentiment de l'injustice dont nous avons fait preuve.
Mais, pour prendre du recul sur les querelles de la maturité, encore faut-il s'être amélioré en vieillissant, ce qui est loin d'être toujours le cas.
Il est même fréquent que bien des hommes deviennent grognons et amers, surtout si le dieu Priape les trahit d'autant plus qu'ils ne peuvent tout de même pas le prier ! Beaucoup de vieux messieurs sont maussades et grincheux parce qu'ils ne peuvent plus s'occuper des femmes.
Et bien des vieilles dames sont souriantes et agréables peut-être parce que les hommes les laissent enfin tranquilles...

L'ARGENT, LA CARRIÈRE, ETC. : QUAND C'EST L'HOMME

Il y a hélas bien d'autres raisons d'incompréhension dans les couples. Certains hommes ont un sens de la responsabilité familiale qui les pousse à se battre de toutes leurs forces pour améliorer leur situation ou simplement la garder.
S'ils ont la chance d'aimer leur travail et d'être très à l'aise dans leur fonction, leur femme ne sait même pas à quelle heure ils vont rentrer et ne les voit plus que le dimanche. Et un travail harassant, dont l'un des résultats vise à améliorer le confort de la petite famille, n'exempte pas ce type de forçat des remontrances de leur femme.
Quelques-unes aimeraient que le mari ramasse l'argent à la pelleteuse, tout en étant au foyer plus souvent. Autant vouloir empêcher un fleuve de couler jusqu'à son embouchure.

L'ARGENT, LA CARRIÈRE, ETC. : QUAND C'EST LA FEMME

Mais, comme je veux être un observateur impartial, je sais aussi que l'on peut s'agacer de la réussite professionnelle de sa femme. C'est peut-être mal placer son amour-propre. Songez (peut-être avec un peu de cynisme) qu'il n'y a pas de raison de se plaindre de cette situation qui peut nous éviter à nous-même de nous fatiguer.

Les hommes qui sont fiers du titre et du salaire de leur femme, sans avoir des réactions de macho froissé, font peut-être preuve de sagesse. Mais ce peut être aussi parfois par goût du « farniente ». Cette disposition de caractère évite au moins les disputes. Du moins jusqu'à un certain point...

Car cette tendance à la flemme prend parfois de l'ampleur. Il y a des hommes qui restent au lit lorsque leur femme part au travail, et y restent même parfois jusqu'à leur retour. Dans ces cas-là, leur compagne ne fait pas preuve d'incompréhension si elle s'en indigne.

Cependant, certaines femmes s'en accommodent. Dans certains couples, c'est même le garçon qui fait les commissions de sa compagne.

Bien souvent, si la femme prend le pouvoir, c'est plus souvent pour pallier la carence du compagnon que par goût de la puissance. Il semble que la volonté et même certaines formes de combativité soient bien plus nettes dans certains caractères féminins.

Il y a là des motifs d'incompréhension bien normaux. Comment y remédier ? Il est pourtant facile de faire plaisir à l'autre avec de menues attentions qui ne coûtent aucun effort.

LES PETITS TRAVERS QUI AGACENT ÉNORMÉMENT

N'est-il pas pitoyable de ne jamais obtenir qu'un homme ou une femme ne réforment pas telle ou telle habitude qui gêne l'autre ? La plupart du temps, il suffit d'un rien pour faire plaisir ou pour ne pas s'irriter devant une pratique innocente, mais qui agace.

Une maîtresse de maison aimait présenter les fraises entières et surmontées de crème Chantilly. Dès que le mari était servi, il s'empressait de prendre une fourchette et d'écraser vigoureusement le tout. L'ensemble évoquait une bouillie ou une pâtée de caniche. Aucun autre geste ne dégoûtait autant sa femme. Si vous ajoutez à cette coutume le fait qu'il découpait les fromages ronds et neufs n'importe comment, au lieu de les attaquer par le centre, vous aurez une idée du type de griefs que sa femme gardait dans sa tête.

Mais de tels petits travers ne sont-ils pas insignifiants, par comparaison à de graves défauts ? S'indigner de tels faits n'est-il pas un peu terre à terre ? Prenons du recul : si ce type de reproches sont les seuls que l'on fait à son compagnon ou à sa compagne, y a-t-il vraiment lieu de lui en parler ? Il n'y a pas lieu d'être agacé pour des motifs insignifiants. Il est capital de ramener les faits quotidiens à leur vraie dimension. Si l'on ne supporte pas un compagnon qui tousse la nuit ou une femme dont l'humeur varie avec les changements de température, on fait preuve de bien peu d'affection et, souvent, d'une absence d'humour.

POURQUOI NE PAS CHANGER... UN PEU

Pensez qu'il n'y a pas de plus grand stimulant que le soutien d'une femme ou d'un homme lorsque l'on subit des avanies ou des humiliations ailleurs. Car, si l'on ne trouve pas ce soutien dans la vie intime, où peut-on le trouver ?

● Pourquoi être négligé quand on est au repos et très soigné pour les activités extérieures ?

● Que penser d'un homme qui ne se rase pas le dimanche, ou d'une femme qui ne se parfume que les jours de travail ?

● Pourquoi ne pas faire l'effort d'être aussi plaisant à la maison qu'ailleurs ?

● Pourquoi serait-on incapable de faire des compliments ou de dire quelques encouragements ?

● Ne pas faire l'effort de vaincre une habitude que le compagnon ou la compagne voudrait voir disparaître (l'usage du tabac est un autre bon exemple).

● Pourquoi se barricader chez soi en fuyant toutes sortes d'échanges pour finalement se plaindre de l'isolement. Comment en effet se faire des relations si l'on attend que les autres viennent vers nous ?

Cela dit, il ne faut pas avoir le cerveau trop épais et comprendre que l'abandon de certaines habitudes suffit souvent à faire plaisir. Mais il faut distinguer les incompréhensions dues à des phénomènes graves et à des traits de caractère très ancrés, apparemment irrémédiables, des autres incompréhensions, qui sont finalement bien insignifiantes.

Quelques exemples d'incompréhension dans la littérature

ALCESTE ET CÉLIMÈNE

L'incompréhension entre l'homme et la femme a fait l'objet de bien des morceaux de choix. Cette incompréhension peut exister avant même la vie commune. On peut même se demander comment deux êtres ont pu décider de vivre ensemble sans se comprendre.

Presque toujours, ils n'en ont pas conscience et ne connaissent pas bien leur partenaire. Quand on est jeune, et quand on ne connaît ni ses propres aspirations ni ses traits de caractère, comment comprendre son futur compagnon ou sa future compagne, surtout si le jugement est voilé par l'attirance épidermique ?

Il est bien connu que « le cœur a ses raisons que la raison ne connaît pas ». Cette vérité est dans Molière, puisque son fameux personnage, Alceste, est épris d'une femme qui incarne justement tout ce qu'il déteste. Alceste est un homme qui n'admet aucun compromis avec la vérité. Il subordonne les agréments de la vie sociale et mondaine aux exigences de la morale. Dans la scène première du deuxième acte, il prend à partie la femme qu'il courtise en lui disant : « Madame, voulez-vous que je vous parle net ? De vos façons d'agir je suis mal satisfait. » C'est un mauvais début pour courtiser une femme.

Si le personnage de Célimène est bien interprété, celle-ci a un large sourire ironique et lui rétorque un argument adroit et d'une totale mauvaise foi : « C'est pour me quereller donc, à ce que je vois, Que vous avez voulu me ramener chez moi ? »

Il s'agit bien ici d'une preuve de lucidité intellectuelle de la part d'Alceste, associé à un aveuglement (et donc à une incompréhension) dû à la jalousie. Le personnage cherche à se défendre en disant : « Je ne querelle point ; mais votre humeur, Madame, Ouvre au premier venu trop d'accès dans votre âme. » Et Célimène, continuant sur sa lancée habile, d'invoquer des raisons spécieuses pour justifier son attitude : « Puis-je empêcher les gens de me trouver aimable ? Et, lorsque pour me voir ils font de doux efforts, Dois-je prendre un bâton et les mettre dehors ? »

Cette scène comique où deux êtres s'affrontent et ne peuvent trouver le moindre terrain d'entente a des causes simples. L'homme veut l'exclusivité absolue des paroles tendres de celle dont il est épris, et il la soupçonne de distribuer trop généreusement ses faveurs. Elle est bien trop frivole et coquette pour y renoncer, preuve qu'elle ne partage pas son sentiment.

Nous avons vu que la jalousie est une des causes de l'incompréhension de la part d'Alceste et en même temps une conséquence de son sentiment à l'égard de Célimène. Quelle leçon en tirer pour nous tous ?

La première est de bien comprendre qu'il est vain de chercher à conquérir un cœur qui ne veut pas l'être. La deuxième consiste à réaliser qu'un caractère est intangible, même si une personnalité peut évoluer. Célimène est jeune et légère. Elle aime avoir des hommes autour d'elle. Si elle était éprise d'Alceste, elle transformerait radicalement son attitude.

Ce n'est pas parce qu'un être a toutes les qualités morales de la terre qu'il sera aimé d'un autre qui n'a aucun bon sentiment à son endroit. Il est vain d'essayer de se faire comprendre de quelqu'un qui ne partage pas les mêmes valeurs que soi. Invoquer des raisons morales ou faire naïvement son propre éloge en essayant de convaincre l'autre qu'en somme il ferait une bonne affaire en acceptant la vie commune relève de la naïveté. Molière ne s'y est pas trompé. Alceste finit par renoncer à Célimène et l'une de ses dernières paroles contient de la haine : « Mon cœur à présent vous déteste. » Il y a donc des incompréhensions irrémédiables. Nous entrevoyons déjà que leur cause et leur nature déterminent leur intensité et leur gravité. La bonne volonté ne suffit pas à les détruire.

BADINE-T-ON AVEC L'AMOUR ?

Voyons une autre forme d'incompréhension entre deux êtres que montrent ces propos tirés de l'œuvre bien connue de Musset, *On ne badine pas avec l'amour*.

L'un des personnages, Perdican, déclare à Camille, son aimée : « Sais-tu que cela n'a rien de beau de m'avoir refusé un baiser ? »

Et Camille de répondre : « Je suis comme cela ; c'est ma manière.

– Veux-tu mon bras pour faire un tour dans le village ?

– Non, je suis lasse.

– Cela ne te ferait pas plaisir de revoir la prairie ?

– Je n'en ai nulle envie. »

Les personnes qui se complaisent dans le secret ou ne révèlent pas les raisons de leur attitude ont souvent des têtes à claques. Mais, heureusement, Perdican – et la plupart de ceux qui lui ressemblent – est bien élevé et sincèrement épris de Camille. Il n'empêche que les réponses évasives ont quelque chose de méprisant pour quelqu'un d'empressé à l'égard de quelqu'un d'autre. Il s'agit ici d'une incompréhension ressentie douloureusement par Perdican.

Existe-t-il un remède miraculeux pour triompher de ce genre de comportement buté, dans lequel entre parfois une bonne dose d'orgueil (c'est d'ailleurs le reproche que Perdican fait à Camille) ? Certains « boudeurs » et certaines « boudeuses » agissent ainsi. C'est un moyen comme un autre de se faire remarquer. Ils veulent être l'objet de sollicitations et jouent avec les sentiments, ce qui est une perversion. On peut jouer avec les mots, les idées, l'argent ou n'importe quoi, pas avec les sentiments.

Il est possible de tirer un nouvel enseignement de cette pièce : les êtres ne peuvent se comprendre que dans une atmosphère de clarté et si chacun a su faire des choix. L'inconstance des sentiments, l'indécision ou l'incohérence des points de vue déroutent l'un des deux. C'est pourquoi les personnes irrésolues à tout point de vue finissent par faire le vide autour d'elles. On ne sait pas à quoi s'en tenir. On ne sait pas au juste à qui l'on a affaire. Si l'on veut être compris il vaut mieux ne pas avoir plusieurs facettes.

Ne nous plaignons pas d'être incompris si nous n'avons pas réussi encore à faire l'unité en nous. Si l'on a l'esprit et le cœur qui flottent et balancent constamment d'un côté ou de l'autre, il ne faut pas s'étonner que les autres s'y perdent et finissent par renoncer à y voir clair en nous.

DE ROUSSEAU À AUJOURD'HUI : LA DIFFÉRENCE DE NIVEAUX DANS LE COUPLE

Un magnifique exemple nous est donné par l'illustre Jean-Jacques Rousseau. Même ses adversaires les plus coriaces, et Dieu sait s'il en a encore, lui reconnaissent du génie. Il eut une longue liaison avec une blanchisseuse, Thérèse Levasseur, qui ne savait pas lire, et qu'il finit par épouser dix ans avant sa mort, après quelques liaisons. Il a très peu parlé d'elle dans ses écrits et personne ne peut lui reprocher de l'avoir dénigrée. Lorsque Jean-Jacques Rousseau la connut, il ne lui vint sûrement pas à l'esprit qu'un jour il deviendrait célèbre, mais il est invraisemblable qu'il ait pu être inconscient de ses talents et de la médiocrité de cette femme. Elle a prétendu avoir eu cinq enfants du grand homme, ce qui était faux.
Continuons à rechercher les causes d'incompréhension entre l'homme et la femme en nous aidant au besoin d'exemples historiques.
Il est fréquent que des hommes ou des femmes instruits, ou même de génie, épousent des personnes qui n'ont pas du tout le même niveau qu'eux, et n'ont ni l'intention d'y parvenir ni les aptitudes.

● Comme les jeunes filles sont mûres plus tôt que les garçons, elles sont souvent plus lucides sur la personnalité de leur futur conjoint. Une étudiante en troisième année de licence de mathématiques ne sera pas très attirée par un titulaire du CAP de couvreur, sauf dans le cas où elle aurait envie de l'éblouir et d'avoir une supériorité permanente sur son conjoint. Ce sont des choses qui arrivent.

● Prenons l'hypothèse où l'un des partenaires est plus instruit que l'autre. Qu'adviendra-t-il ? Il y a plusieurs possibilités :
– l'homme ou la femme est modeste et bienveillant. Il (elle) n'a pas la moindre intention d'humilier son(sa) conjoint(e) ou de lui faire sentir ses insuffisances ;
– si il (ou elle) cuisine bien et multiplie les attentions à son égard, si il (ou elle) est expert(e) dans la vie intime, l'homme (ou la femme) est comblé(e) ;
– si le mari (par exemple) donne peu de prix à l'opinion de ses relations, il n'est pas vexé d'avoir une épouse qui ne participe à aucune conversation et passe pour une aimable brebis auprès des amis plus persifleurs.

● La femme (ou l'homme !), toujours dans l'hypothèse où elle (il) est peu instruit(e), est agacé(e) de cette « infériorité » dont elle (il) a conscience.

Si son mari (ou son épouse) est du genre doux(ce) et indulgent(e), il n'a que faire de la frustration de l'autre. Si il (ou elle) est plus irritable, il (elle) décochera quotidiennement des avanies. Ce genre de situation peut créer des ménages où la vie est infernale.

C'est pourquoi la différence de niveau en matière de formation intellectuelle peut être une source de conflits, hormis le cas où les deux partenaires font preuve d'oubli de soi, de modestie et d'intelligence.

De quelques recettes pour accroître la compréhension dans le couple

IL N'Y A PAS QU'UNE « INTELLIGENCE »

Il y aurait beaucoup à dire encore sur l'incompréhension entre homme et femme, à cause de la grande disparité de la formation intellectuelle de base. Mais il convient de dire à ce propos que, si les usages de notre société n'avaient pas mis au premier plan une certaine forme de culture, le problème serait moins aigu.

On oublie trop facilement qu'il existe plusieurs formes d'intelligence et qu'il est bien difficile d'établir une hiérarchie de valeur entre elles. On admet que les aptitudes à l'abstraction et à la généralisation constituent une sorte de sommet. Mais que deviendrons-nous si plus personne n'est capable de déboucher les « commodités » en crue ou de récolter nos détritus ?

Par ailleurs, la qualité du jugement n'a guère de lien avec les capacités d'abstraction. Il suffit d'écouter un savant à qui l'on demande son opinion sur tel problème politique ou économique. Presque toujours, il aurait mieux fait de s'abstenir de donner son avis, d'autant plus qu'il est inapte à trouver des solutions.

Chacun de nous est bien content de trouver un ébéniste, un (ou une) retoucheur (se) de jupes, et, si tout le monde passait son temps à traduire du latin ou à résoudre des équations, nous n'aurions plus qu'à attendre une nourriture tombée du ciel.

Redisons donc que les dissensions conjugales nées de la différence des formations intellectuelles viennent soit de la vanité de l'un des conjoints, soit de l'absence d'intelligence et de culture, et que cette carence peut parfois habiter l'esprit d'un diplômé d'université...

FUIR L'IRRÉSOLUTION

La liste des causes d'incompréhension n'est pas encore close. Savez-vous qu'un excès d'avidité de l'un des protagonistes confronté à l'irrésolution de l'autre peut conduire à des désordres et à un échec plus ou moins dramatique ?

Dans un admirable roman intitulé *Adolphe*, dû à la plume de Benjamin Constant (1761-1830), cette situation est décrite avec beaucoup de finesse psychologique.

Ellénore et le héros sont très attachés l'un à l'autre. Ils n'arrêtent pas de se le dire, ils pleurent tous les deux de temps en temps, mais Adolphe est jeune et voudrait bien se faire une situation et rencontrer ses amis. Mais Ellénore l'a en quelque sorte attaché à une corde. Adolphe en a plein le dos et a envie de ruer dans les brancards : « Quoi, me dis-je, je ne puis passer un jour libre ! Je ne puis respirer une heure en paix. Elle me poursuit partout comme un esclave qu'on doit ramener à ses pieds. » Il faut dire qu'Adolphe ne sait pas ce qu'il veut.

En d'autres termes, n'étouffez pas la personnalité des gens que vous aimez. Laissez-leur un minimum de liberté, dans un climat de confiance.

Nous connaissons tous des couples qui ne songent pas un instant à aider l'autre à se développer à tout point de vue. Il y a des hommes qui voudraient voir leur femme rivée à leur logis et des femmes qui ne supportent pas de voir leur mari prendre intérêt et plaisir à visiter un vieil ami s'il doit être en retard de dix minutes.

Quant à l'irrésolution d'Adolphe, elle traduit une certaine immaturité. Que chacun le sache bien : la difficulté d'opérer un choix prouve une stagnation prolongée dans l'adolescence. On ne peut pas passer son temps à flotter et à hésiter.

Qu'il s'agisse des choix politiques, religieux ou affectifs, l'homme mûr doit opter pour un camp ou pour un autre. L'incapacité à se décider peut être le fait d'une intelligence très aiguë, mais est incompatible avec la maturité. De toute façon, l'irrésolution est un recul devant la responsabilité et manifeste la peur de s'engager. Mais, et j'insiste, les caractères indécis sont souvent ceux de personnes fort intelligentes et qui entre-voient plusieurs solutions devant tout problème.

Les personnes moins douées n'en voient qu'une et agissent plus vite. Un ingénieur de haut niveau disait un jour à un parterre d'étudiants prolongés déjà nantis de responsabilités : « N'oubliez pas que l'intelligence est un obstacle à l'efficacité. » Un certain nombre d'entre nous avaient pris l'ingénieur pour un amateur de paradoxes.

L'expérience prouve à quel point il avait raison.

Quels enseignements pouvons-nous tirer des exemples donnés par le personnage de fiction Adolphe – qui n'est autre que Benjamin Constant –, ainsi que par les cas bien réels de Rousseau et de Claude Bernard ?

Il est plus sage d'épouser quelqu'un qui a sensiblement le même degré d'instruction que soi. Il y a toujours un risque de condescendance, voire de mépris, à l'égard de celui ou de celle qui n'est pas au même niveau. Il est vrai que, s'il y a beaucoup d'affection entre les deux protagonistes, les inconvénients sont amoindris, mais la nature humaine est plus encline aux réactions d'amour-propre qu'à celles d'humilité. Il y a une grande imprudence à vivre avec quelqu'un d'éternellement « fauché » si l'on est soi-même bourré d'argent.

IL FAUT ÊTRE INTELLIGENT POUR SAVOIR QUE L'INTELLIGENCE EST LÀ

Je vais vous raconter une autre forme d'incompréhension assez vilaine et qui, malheureusement, n'est pas exceptionnelle. Tout le monde sait qui fut Claude Bernard (1813-1878). C'est grâce à lui que l'aptitude du foie à fabriquer du sucre nous est connue. C'est lui aussi qui nous a permis de connaître le rôle du pancréas dans la digestion des matières grasses, sans parler de l'action du curare, cette fameuse substance dont les Indiens se servaient pour enduire la pointe de leurs flèches et utilisée de nos jours par les chirurgiens (mais pour un tout autre usage).

Le Ciel avait accordé des dons exceptionnels à Claude Bernard, mais l'avait affublé d'une épouse plus riche que lui. Elle était très fière de la dot apportée et n'avait que mépris pour son époux sans argent et de naissance trop modeste pour elle. Elle réussit à dresser ses filles contre leur père et toutes les trois s'entendaient très bien pour vociférer contre lui en invoquant la fameuse dot. Les trois mégères finirent par le contraindre à travailler dans une cave.

Émile Zola s'inspira de cette situation pour écrire son *Docteur Pascal*, mais il présente l'épouse sous les traits d'une bigote pour essayer de montrer qu'elle ne pouvait être que cupide, méchante et idiote – alors que Mme Claude Bernard n'avait que faire de la religion. Si cette femme avait été vraiment chrétienne, elle n'aurait pas agi de la sorte.

Fuyez aussi ceux ou celles qui sont incapables de faire un choix et de prendre une décision, celui ou celle qui hésite à tout partager – à commencer par la vie quotidienne –, qui veut se faire prier ou recule devant un engagement.

SECOUER LES ROUTINES

Continuons notre tour d'horizon des motifs d'incompréhension entre homme et femme. Vous savez qu'il y a des personnes très sédentaires et d'autres qui ne tiennent pas en place. Il est bon de mettre cette question au point avant de cohabiter.

Certains hommes trouvent une satisfaction profonde quand ils sont dans un fauteuil et parcourent un magazine, sachant que l'heure du dîner ne va pas tarder. Ils s'enivrent déjà des senteurs d'oignons qui rissolent. Ils aiment leurs pantoufles et la télévision.

Si leur femme exprime le désir d'aller voir un film, de visiter un pays ou une région, ils trouvent un prétexte pour lui demander d'y renoncer. Ce type de réaction peut porter sur les nerfs d'une compagne désireuse de voir des horizons différents. Et, s'il s'agit d'une personne qui a soif de nouveaux folklores, elle risque de trouver le temps long et sa vie un peu terne.

Dans certains milieux, la fréquentation des salons de thé ou les visites de beaux magasins peuvent être une compensation, mais comment ne pas avoir envie de s'offrir un peu d'évasion si l'on vit dans une tour ou auprès d'une usine et entre deux hangars ?

Ce genre de situation, dans laquelle il y a pas mal d'indifférence à l'égard de l'autre, et donc d'égoïsme, est lourde de conséquences. L'existence devient terne et incolore ou bien surgissent de temps en temps des réflexions acides de la part de l'un et de l'autre et, un beau jour – si l'on peut dire –, chacun lance des reproches tirés du fin fond de l'esprit que tous deux croyaient oubliés et enfouis.

C'est ainsi que les écarts se creusent et que les cœurs s'attristent et passent leur temps à ruminer des regrets aussi vains que douloureux. Il n'est pourtant pas difficile de secouer un peu notre routine pour faire plaisir à l'autre. Il y a du laisser-aller et de la morgue à ne pas vouloir entreprendre un voyage ou une simple sortie, si tel est le désir de l'autre.

Les personnes qui n'habitent pas une grande ville et ne sont plus très jeunes ont tendance à s'agripper à leurs maisons et ne trouvent plus ni le moindre désir ni la moindre énergie pour aller voir un film ou un spectacle quelconques. Fatiguées de leur journée de travail et esclaves de leurs habitudes, elles resteront plantées devant le poste de télévision.

Pourtant, un petit repas bon marché pris dans une brasserie illuminée et vivante puis une promenade dans une des artères les plus animées de la grande ville suffiraient à chasser la morosité quotidienne que vivent la plupart des couples. Nous connaissons tous les arguments spécieux invoqués par ceux qui parlent des frais occasionnés par ce genre de petites distractions. D'abord, il n'est pas nécessaire qu'elles soient fréquentes pour être profitables. Elles peuvent être impromptues ou prévues, peu importe. Certains caractères aiment ce qui est programmé pour y penser longtemps à l'avance, d'autres recherchent ce qui est inattendu. À chacun de choisir l'un ou l'autre système. Mais ce qui est certain, c'est qu'il y a plus de volonté que l'on ne croit dans le bonheur. Cette parole du philosophe Alain (1868-1951) est profonde.

LA NÉCESSITÉ DES DISTRACTIONS

Les divertissements sont une nécessité absolue pour les humains. Même dans les couvents, une récréation est prévue. Remarquez bien qu'il y a dans ce mot une idée de « nouvelle » création. Pendant un divertissement, chacun se recrée. Il retrouve de nouveaux motifs de lutter. Il oublie les vicissitudes de la vie un moment, voit un autre horizon que celui de son bureau, de sa cuisine ou de sa chambre à coucher. C'est une évasion, et s'évader, c'est sortir d'une geôle.

Soyez bien sincère : maintenant que les enfants sont adolescents, sortez-vous davantage ? Ne serait-il pas grand temps de vous offrir des sorties, après tant d'années de labeur et de moments un peu ternes, à tous points de vue ? Rien n'est pire pour le moral que la soudaine conscience de bien des gens de n'avoir pas vécu ! Il est pourtant très probable que les distractions prises à deux contribuent à rapprocher un couple. Attendre toute l'année les vacances prochaines risque d'être un peu banal.

LES ARGUMENTS ANTI-SORTIES

● Il faut s'habiller. Mais grâce à un certain snobisme il est très chic d'être négligé.

● Il faut reprendre un train de banlieue après 20 heures. Mais rien n'empêche de retrouver qui son mari, qui sa femme, en tel ou tel lieu après la journée de travail, afin de ne pas rentrer trop tard.

● Il n'y a personne pour garder les enfants ? Mais il y a bien une étudiante près de chez vous qui ne demandera pas mieux que de les garder contre une modeste rémunération.

N'IMAGINEZ RIEN, TENEZ SEULEMENT COMPTE D'ELLE OU DE LUI

Faites l'impossible pour faire plaisir à votre ami(e), même si votre cohabitation est déjà longue. Comme nous venons de le dire, la routine et l'enlisement dans la grisaille quotidienne font courir un risque mortel à votre couple. De temps en temps, proposez une sortie ou une distraction analogues à celles que vous aimiez lorsque vous vous êtes connus.

S'il existe vraiment une divergence dans la recherche des distractions ou des plaisirs, efforcez-vous de faire des concessions. Ne vous barricadez pas dans vos loisirs préférés et n'imposez pas constamment des divertissements qui assomment l'autre.

Si vous demandez à une femme qui aime sortir de vous accompagner à la pêche à la ligne, il n'est pas certain qu'elle trouvera cette occupation grisante, pas plus que d'aller à un match de football. Et si vous tenez à tout prix à ce que votre conjointe ou votre conjoint vienne assister à une conférence sur un dialogue possible avec les morts, il ne faudra pas vous étonner si il ou elle fait une tête d'enterrement.

DÉVELOPPER, SI POSSIBLE, LA COMMUNAUTÉ DES GOÛTS

Ces réflexions sur la nécessité des distractions extérieures à la vie strictement privée nous amènent à parler de la diversité des goûts.

S'ils ne sont pas communs, ou tout au moins assez proches, il faut le déplorer et surtout essayer d'y remédier dès le début de la vie commune. Il est évidemment bien préférable de s'en être occupé avant même cette période. Croyez-vous qu'un couple puisse durer et être un peu heureux de vivre si l'un est amateur de rock et de rap tandis que l'autre ne veut entendre que du Vivaldi et du Bach ? Est-il possible de vivre ensemble si l'un aime aller au musée du Louvre et visiter les expositions de la Bibliothèque nationale, alors que l'autre ne veut voir que les matchs de football ou le marché à la ferraille ?

Rien ne facilite autant l'entente profonde d'un couple que la communauté de goûts artistiques ou autres. Il va de soi que les désunions et les querelles ne viennent presque jamais d'une diversité de préférences entre plusieurs formes de beauté. On ne voit pas une femme et un homme en venir aux mains parce que l'un aime les impressionnistes et l'autre les peintres de l'abstraction. S'il en était ainsi, nous aurions affaire à des exaltés ou à des passionnés un peu déséquilibrés. Il est cocasse d'imaginer des rixes entre l'homme et la femme analogues à celles qui eurent lieu lors de la bataille d'*Hernani* entre adeptes et adversaires du roman-

ÊTRE AMOUREUX NE DISPENSE PAS D'ÊTRE LUCIDE... ET DE DIRE SOI-MÊME LA VÉRITÉ

Une divergence totale en matière artistique risque de faire des étincelles désagréables. Si l'un de vous raffole des gratteurs de guitare qui se déhanchent comme des forcenés, alors que l'autre recherche les violons berceurs du XVIIIe siècle, vous n'avez aucune chance de partager les mêmes émotions. Si vous voulez aller à la foire aux haricots et votre épouse à une exposition de la Bibliothèque nationale de France, vous n'êtes pas près de vous entendre.

Mais il n'y a aucune raison de découvrir de telles divergences a posteriori. Dès les premières conversations, il est facile de voir où sont les préférences de chacun.

Les personnes qui font paraître des petites annonces pour proposer leurs qualités ne manquent d'ailleurs pas de préciser ce genre de tendances. C'est une bonne précaution à prendre, tout de suite après avoir précisé la taille et la couleur des yeux. Évidemment, vous ne lirez jamais : « Recherche compagne aimant les distractions frivoles et même bébêtes si possible. »

Mais il est possible d'écarter certaines candidatures en mentionnant par exemple : « Désire épouser monsieur intéressé uniquement par les belles choses. » Il se peut que les hommes concernés comprennent que cette annonce ne leur est pas destinée.

tisme. Il reste qu'une certaine communauté de goûts est indispensable pour bien s'entendre, en dehors de toute question artistique.

Il y a des êtres qui veulent être sinon à la dernière mode, du moins à l'avant-dernière, tandis que d'autres ne sont pas dérangés d'avoir l'air de traîne-savates. Certaines personnes ne sont à l'aise que dans des vêtements fatigués, alors que d'autres éprouvent une certaine gêne s'ils ne sont pas dans des neufs. Avoir une argenterie de prix est indispensable à quelques-uns, mais d'autres sont aussi heureux si le saucisson est sur la table.

Pour certains caractères, le bonheur est dans la simplicité vécue avec des amis chaleureux et pas compliqués. Ils peuvent venir à n'importe quelle heure et sont invités à la fortune du pot en permanence. La seule chose qui compte, c'est qu'il y ait du vin et de l'amitié. Pour d'autres, le charme réside dans le décor : il faut venir les voir après avoir pris rendez-vous et apporter des fleurs pour la maîtresse de maison. Qui a raison ? Personne.

FAIRE DES EFFORTS POUR L'AUTRE

Il n'est pas nécessaire d'être un héros pour faire un petit effort en faveur de sa compagne ou de son compagnon.

Il m'est revenu qu'une jeune femme aurait aimé retrouver de temps en temps le plaisir de danser avec son mari, ne serait-ce qu'en souvenir de leurs premières rencontres. Durant quinze ans de mariage, il n'était pas venu une fois à l'esprit de celui-ci de le proposer à sa femme.

Sans doute estime-t-il que la danse n'est destinée qu'à faciliter le mariage, qu'une fois celui-ci passé il est inutile d'y revenir. Comme le personnage en question revient chez lui tous les soirs à 21 heures au moins, afin de ne pas avoir à s'occuper des enfants et à surveiller les devoirs, il ne risque pas de trouver le temps de faire valser sa moitié – et il a de la chance que sa femme n'ait pas cherché à danser ailleurs pendant un moment de loisir. Même si cette distraction n'a plus aucun attrait pour cet homme, il ne lui en coûterait pas beaucoup de secouer son indifférence.

La bonne entente et la compréhension entre un homme et une femme ne dépendent pas que de la similitude de goûts. Là comme ailleurs, maintenant comme toujours, nous retrouvons la nécessité d'oublier sa propre fatigue et de se demander ce qui pourrait faire plaisir à l'autre. Avec un peu de bonne volonté, la divergence de goûts n'est pas un obstacle insurmontable.

L'IMPORTANCE DE LA TABLE

Prenons un autre exemple : la table. Beaucoup d'hommes aiment la bonne chère. Ils n'ont pas toujours pris la précaution d'en parler avant de cohabiter avec leurs compagnes.

D'ailleurs, il n'y a guère de gastronomes de vingt ans. Les plaisirs de la table se développent avec l'âge et aussi avec le niveau de vie. Ils n'ont rien de méprisable, puisqu'il s'agit là d'un des aspects de la civilisation.

En tout cas, certaines personnes n'ont guère d'appétit et pas le moindre goût pour faire la cuisine. Si elles vivent avec quelqu'un qui ne dédaigne pas ce genre de plaisir, soyez sûr que des conflits en résulteront, même si le conjoint n'est pas un gourmand ventru.

Là comme ailleurs, c'est la mesure qui compte. On comprend aisément combien il peut être désagréable d'avoir un compagnon ou une compagne qui n'a d'autre préoccupation que la composition du prochain repas. Mais, si c'est le cas, il est une bonne façon de montrer son attachement et son affection. Elle consiste à ne pas négliger ce domaine et, qui sait, à y trouver des satisfactions pour soi-même.

Si une personne qui n'a jamais d'appétit et dont les papilles fonctionnent au ralenti est dégoûtée par un partenaire amateur de petits plats, il est douteux que le couple soit longtemps uni.

Beaucoup d'hommes aiment la bonne chère

Mais que faire ? Tout simplement en prenant les choses avec humour et philosophie. Nous avons tous connu des personnes dont on se demande de quoi elles vivent, tant leur appétit est faible. Mais il en est qui prennent un réel plaisir à faire la cuisine pour les autres. C'est une preuve d'affection qu'elles donnent. Elles se sentent utiles et aiment faire plaisir.

Que penser d'une femme (ou d'un homme), qui n'a pas la moindre envie d'être agréable à l'égard de celui (ou de celle) qui partage son existence ? Il est banal de dire que le moment du repas est une rencontre privilégiée. On n'a pas besoin d'être artificiel comme au bureau, où chacun vous observe ou même vous épie. On se détend et, parfois même, on trouve le réconfort de l'affection et de la chaleur familiales. Il est important pour le moral et la bonne harmonie du foyer d'arriver en devinant ce qui mijote. L'atmosphère n'est déjà pas la même.

Mais si l'homme et la femme arrivent chez eux au même moment ou presque, la règle minimale de bonne organisation consiste à avoir pensé à la composition du dîner un jour auparavant. Nous avons la chance de vivre à une époque où la conservation des aliments est assurée par le froid. Il n'en fut pas toujours ainsi. On ne garde plus ses harengs dans la saumure ou les tranches de porc dans le sel.

Quelles recommandations peut-on faire à un couple dont les désaccords ou les disputes ont pour origine une histoire de cuisine ? Nous dirons d'abord à l'amateur de bonne chère de ne pas oublier que la confection des plats donne beaucoup de travail à celui ou à celle qui s'en charge. Il est donc de bon ton d'y participer si l'on y tient. Invoquer sa propre incompétence n'est pas un bon argument car il n'est jamais trop tard pour s'y mettre. Il arrive même que des gourmets aiment faire la cuisine. Mais il y a une autre recommandation à exprimer auprès des gens de mauvaise volonté. S'il s'agit d'une personne qui trouve les tâches de ce type indignes de son intelligence, il est possible de lui demander où elle a l'intention de mettre ladite intelligence. Les grands chefs font preuve de beaucoup d'imagination et de goût. On n'a vraiment pas l'impression qu'ils sont moins intelligents que les personnes qui dédaignent la cuisine. Méfiez-vous des femmes et des hommes très peu portés sur la table : ce ne sont pas des optimistes. On dit que les gens faux sont sobres et qu'une grande réserve à table signe un caractère double. En ce qui concerne la gent féminine, l'observation doit être sérieusement tempérée. Les femmes qui mangent comme des perruches pour ressembler à des mannequins et être épaisses comme un manche de sucette risquent d'irriter leur compagnon, surtout s'il a des goûts de style Proche-Orient pour les formes féminines. Chacun a le droit de rechercher une compagne qui ressemble aux femmes de Rubens.

Les petits maniaques... L'incompréhension risque d'être totale si l'un des deux se met à être un dévot de l'alimentation végétarienne ou céréalienne. Nous connaissons la valeur nutritive des végétaux et n'ignorons

MESDAMES ET MESSIEURS, IL N'EST PAS IMBÉCILE DE CUISINER

Dans ce chef-d'œuvre signé Molière et intitulé *Les Femmes savantes*, l'un des personnages, Chrysale, défend la servante qui commet des fautes de langage, ce qui suscite l'indignation de sa femme Philaminte, type même de la snob et de la parvenue : « Qu'importe qu'elle manque aux lois de Vaugelas[1] Pourvu qu'à la cuisine elle ne manque pas. [...] Je vis de bonne soupe et non de beau langage. Vaugelas n'apprend point à bien faire un potage Et Malherbe[2] et Balzac[3] si savants en beaux mots En cuisine peut-être auraient été des sots. »

Vous voyez que la question n'est pas nouvelle puisque la nature humaine ne change pas. Il n'y a aucune incompatibilité entre le goût pour les travaux de l'esprit et l'appréciation des mets qui flattent les papilles. Quant à ceux ou à celles qui tiennent leur préparation pour une occupation vulgaire, c'est un peu comme s'ils s'étaient eux-mêmes amputés d'une partie de leur intelligence. L'important consiste à ne pas faire des satisfactions du palais un but permanent, d'autant que c'est onéreux.

1. Vaugelas (1585-1650) : célèbre grammairien.
2. Malherbe (1555-1628) : réformateur de la langue française.
3. Balzac (1595-1654) : l'un des créateurs de la prose classique.

pas les inconvénients d'une nourriture trop carnée. Mais la croyance selon laquelle il suffit de se nourrir comme un Indien ou un Afghan pour éviter toute maladie est assez naïve. Un bol de semoule deux fois par jour et trois cuisses de poulet par an ne garantissent pas une santé à toute épreuve. Si l'un des deux époux ou concubins est attiré par cette façon de s'alimenter et que l'autre raffole des rognons et du bœuf en daube, la vie à deux deviendra vite difficile.

Le rejet de certaines nourritures n'est pas un indice de vertu. Les adeptes d'une alimentation marginale et très légumière croient que la Nature est une bonne mère alors qu'elle est bien souvent une marâtre. Faut-il rappeler que c'est en Occident que la durée de vie est la plus longue ? Les adeptes des discriminations alimentaires ont souvent d'autres manies. Ils pratiquent le nudisme et rêvent d'un monde où tout le monde s'embrasserait et parlerait la même langue. Les lions viendraient nous lécher les mains et les guêpes ne nous piqueraient plus. Ces moments-là ne sont pas près de venir.

NE PAS ÊTRE PINGRE

Les personnes qui dépensent des sommes insensées sont aussi déréglées que celles dont l'unique préoccupation consiste à entasser l'argent. Un goût excessif pour cette activité révèle la médiocrité du caractère. Il y a plusieurs façons d'aimer l'argent. On peut déployer des trésors d'ingéniosité et surtout faire preuve d'énergie pour en gagner à tout prix. Ne craignez pas le caractère d'un tel compagnon – ou d'une telle compagne –, mais fuyez comme la peste celui ou celle qui attend que ce soit l'autre qui paie après avoir consommé un café à six francs.

L'avarice est un motif de désaccord profond entre homme et femme, surtout si l'un est « radin » tandis que l'autre un généreux « gaspilleur ». Les grippe-sous n'arrivent à rien. L'avarice est un vice qui rend malheureux les gens qui en sont victimes, directement ou non. Les personnes atteintes de cette tare risquent souvent de n'avoir aucune ouverture d'esprit, car ne vouloir jamais faire preuve de générosité entraîne ou accompagne fréquemment une étroitesse de vues en tout domaine.

Observez bien le comportement d'un avare. Il peut posséder quelque intelligence et beaucoup de prudence, mais il sera fréquemment timoré et pourra vous trahir à la première occasion.

Souvent, les avares sont méfiants et n'ont guère de spontanéité. Si vous les observez sur le moyen terme, vous remarquerez qu'ils ne profitent jamais de leur argent. Ils sont frappés par la maladie ou font de mauvaises affaires, sans parler de ceux qui sont dépouillés par leurs enfants. On dirait parfois qu'une sorte de malédiction pèse sur eux. De toute façon, ce ne sont pas les avares qui bâtissent de grandes fortunes, mais au contraire les généreux et les audacieux.

Une femme ou un homme qui vit avec un ou une avare en souffre. C'est pourtant un trait de caractère très facile à déceler, dès les premières rencontres.

Le jeune homme ou la jeune fille, par exemple, qui accepte sans cesse d'être rafraîchi(e) ou réchauffé(e) par les boissons que son partenaire lui offre, sans jamais avoir un geste de réciprocité, aura le même comportement toute la vie. Même si l'on dispose de peu de moyens – ce qui est d'ailleurs fréquent pour des jeunes –, il est toujours possible de sortir un peu de monnaie.

La générosité ou l'avarice n'ont pas de sexe et ce travers est présent dans tous les milieux. Il a peu de chances de disparaître d'un caractère. Le garçon généreux à vingt ans le sera encore à quarante. Il en est de même pour les filles. Que peut-on espérer d'une personne incapable de donner une petite partie de son bien à quelqu'un à l'égard de qui elle a un sentiment ? N'est-il pas naturel d'avoir envie de donner quelque chose à celui ou à celle pour qui l'on prétend avoir de l'affection ? Il ne faut rien attendre de quelqu'un qui veut tout garder pour lui. Les gens généreux, mais pauvres, trouvent toujours le moyen de donner quelque chose à l'autre.

S'ENTENDRE SUR LA QUESTION DES ENFANTS

Je voudrais vous parler maintenant d'une autre source d'incompréhension. Les exemples évoqués sont tirés de faits exacts et chacun en a recueilli de semblables. Il y a des personnes qui ont envie d'être prolifiques et d'autres qui sont de tendance malthusienne. Certaines font confiance à la vie et pensent qu'il y a de la place pour tout le monde. Elles ont de beaux arguments à leur disposition. On trouvera toujours assez de matières premières pour nourrir les gens et il est sans inconvénient que la terre soit habitée par douze milliards d'habitants. Par ailleurs, il suffirait de mieux partager les richesses pour que tout le monde vive bien.

Ces gens estiment qu'il n'est pas plus difficile d'élever huit enfants que deux, puisque ce sont les plus grands qui s'occupent des petits. Pour eux, la corrélation entre la misère et la surpopulation n'est pas établie. Il y a aussi ceux qui citent les Écritures : « Croissez et multipliez », en oubliant de préciser que cette parole figure dans la Genèse, et qu'elle a été prononcée à la création du monde. Mais, aujourd'hui, celui-ci a été créé depuis bien longtemps.

Sur l'autre rive, il y a les pessimistes ou les réalistes (comme on voudra). Ils pensent que si les océans, la terre, les rivières sont devenus des dépotoirs et des égouts, c'est la faute d'une surpopulation qui déverse ses déchets au mépris du respect de l'environnement. Pour ces gens, l'invention de la pilule est très opportune, et il est urgent que tous les peuples restreignent leur fécondité.

Il va sans dire que l'opposition risque d'être aiguë si, dans un couple, l'un ne veut pas procréer, ou veut limiter sa descendance à un ou deux sujets, et si l'autre trouve sympathique d'avoir toute une nichée à table.

L'important est de mettre les choses au point avant de se marier ou de vivre ensemble. Il est vrai que de nos jours la plupart des jeunes sont peu disposés à avoir une nombreuse progéniture, connaissant la modicité de leurs ressources et les contraintes d'une nombreuse famille.

Il y a aussi ceux qui ne veulent pas d'enfants au nom d'une idéologie. Bien des jeunes couples n'ont d'autre souci que d'être tranquilles. Mais dans le cas où tous deux veulent fonder un foyer – ce qui est une expression désuète pour bien des gens –, il est indispensable de déclarer ses intentions sans ambiguïté.

Il est quand même assez rare qu'une jeune femme ne veuille à aucun prix d'enfant. Cette disposition de caractère doit éveiller des réflexions dans l'esprit de son compagnon, car une femme qui aime quelqu'un a envie d'avoir un enfant avec lui. Quant à un jeune homme qui n'en veut pas, il faut se demander s'il est devenu enfin adulte. Tout le monde a le droit d'avoir une opinion sur ce sujet, important puisqu'il y va de l'avenir de l'humanité.

Chacun peut trouver des arguments décisifs pour défendre l'une ou l'autre thèse, mais personne n'a le droit de se dérober quand il faut se prononcer. L'homme qui invoque des beaux principes – comme le fit Tolstoï –, alors qu'il n'a pas la force de maîtriser ses instincts, devrait tout de même se

LES HYPOCRITES DE LA FÉCONDITÉ

Il est certainement utile d'évoquer le souvenir du grand écrivain russe que fut Tolstoï. Il voulut devenir un saint et eut même envie, un jour, de faire de la cordonnerie pour ressembler aux petites gens. Ce genre de désir faisait partie de ses tendances mystiques, mais chaque fois qu'il revenait de la campagne sa première tâche était de faire à la sauvette un enfant à sa femme, sans lui demander son avis. C'est ainsi qu'elle se retrouva enceinte pour la douzième fois sans l'avoir demandé. Mme Tolstoï estimait qu'elle n'était plus tout à fait une femme, mais une pouliche. Ce genre d'hommes, qui justifient leurs appétits charnels par des motifs religieux et pensent assurer leur salut par la procréation sans limites, en intriguent et en indignent de nombreux autres.

demander s'il est bien sincère. Quant à la femme complètement passive – sachez qu'il en existe encore – et qui ne trouve pas le moyen de freiner les élans intempestifs de son compagnon, elle est bien à plaindre. Il est donc capital de parler de cette question, puisque les conséquences d'une mésentente initiale peuvent être dramatiques pour les enfants.

ÊTRE PRÊT ET ASSEZ FORT POUR SURMONTER LES GRANDS SOUCIS DE LA VIE

Sans prétendre avoir voulu recenser tous les cas d'incompréhension entre homme et femme, nous allons nous borner à parler d'un dernier cas assez pénible et que tout le monde connaît ou connaîtra. Lorsque la maladie survient...

C'est un des meilleurs moyens de connaître le degré d'affection de l'un à l'égard de l'autre. Imaginez un jeune couple débordant de santé apparente. Tous deux sont heureux de leur occupation professionnelle. Ils vont au restaurant au moins deux fois par semaine. Ils sentent bon tous les deux le matin. Les amis de lycée et d'université les invitent fréquemment. Leurs parents sont généreux avec eux. Notre couple a vraiment l'impression que la vie va être une fête. Tous deux pensent qu'ils sont très attachés l'un à l'autre. Pourtant, un soir, madame ou monsieur, qui avait exprimé quelques inquiétudes à propos de la société qui l'emploie, revient la mine défaite et annonce qu'un licenciement est envisagé en ce qui le concerne. Son partenaire ne s'y attendait pas du tout et pensait que ce genre d'ennuis ne frappe que les médiocres ou les incapables.

Le premier soir, ni l'un ni l'autre ne mesurent l'importance de l'événement. Au bout de huit mois de chômage, le chômeur (ou la chômeuse) se lève à midi et ne fait plus sa toilette. Sa femme a l'impression qu'il est « émasculé ». Quand il fait des courses, c'est pour acheter une bouteille de whisky. Les appels téléphoniques sont devenus rares. C'est la dépression.

Le conjoint (ou la conjointe) ne cesse de la (ou le) tancer. Monsieur (ou Madame) découvre qu'il (ou elle) n'est pas aussi gentil(le) qu'il (ou elle) l'avait cru. Il a l'impression d'être encombrant. Ce genre de situation est banal. Bien des personnes l'ont vécu et sont tombées de haut en découvrant que leur partenaire avait voulu partager les plaisirs et les distractions, mais commençait à renâcler dès que le destin était moins favorable.

Mais l'ingratitude et l'inconstance des sentiments ne sont pas propres à un seul sexe.

Tout le monde a connu une jeune femme devenue chauve après le traitement terrible d'une tumeur. Comme son corps n'éveillait plus aucun désir, son compagnon s'était empressé de la remplacer. Nous avons là des cas d'incompréhension foncière qui révèlent tout simplement un manque total d'affection et c'est sur ce point que j'aimerais conclure ce chapitre consacré aux rapports entre un homme et une femme.

Imaginez un peu que l'un des deux se moque méchamment de l'incontinence urinaire de l'autre. Ne riez pas, cette affection est fréquente et n'atteint pas que les personnes âgées. Et que dire d'un couple où chacun s'accuse mutuellement de trop dépenser chez le médecin ? Autant reprocher à l'autre d'avoir contracté un cancer.

Remarquez bien que cet état d'esprit n'est pas si rare qu'on pourrait le croire. Le professeur Lucien Israël, dans *Destin du cancer*[1], cite le cas d'une personne mariée à un cancéreux qui avait demandé aux médecins de le garder à l'hôpital, car elle n'en voulait plus chez elle. Espérons que cette personne ne sera pas atteinte du même mal un de ces jours. Le professeur ne nous dit pas quelles conclusions en a tirées le mari.

Ce genre de situation ne relève pas seulement de l'incompréhension, mais aussi de l'absence de sentiment. Nous retrouvons là encore l'ignorance, à commencer peut-être par celle de l'existence d'un possible châtiment...

Comment faire évoluer en harmonie son couple dans le temps et la société

QUELLE QUE SOIT LA DISPUTE CONJUGALE, NE COMPLIQUEZ PAS CE QUI EST SIMPLE

Quels que soient les motifs d'incompréhension, n'oublions jamais qu'ils témoignent d'un manque d'amour. Il est inutile d'aller chercher des raisons compliquées.

En réalité, les divergences de milieu et de caractère n'ont d'importance que si nos intérêts et notre amour-propre comptent plus que nos sentiments.

L'amour est avant tout un oubli de soi. Si l'on est attaché à quelqu'un, on finit par aimer même ses défauts. L'homme qui boit malgré les objurgations

---

1. Lucien Israël, *Destin du cancer*, Fayard, Paris, 1988.

L'AMOUR DE L'AUTRE NE COMMENCE PAS PAR L'AMOUR DU « MOI »

On dit qu'à une certaine époque c'était le plus gros qui était élu roi dans certaines peuplades. Cette époque est révolue, mais on n'est pas très sûr que certains hommes ne voient pas dans leur ventre comme un indice de puissance. Les mots ventripotent et omnipotent ne sont pas synonymes, mais leur rime est riche. Là encore, nous retrouvons l'amour de soi, c'est-à-dire le contraire de l'amour. Est-ce donc un effort surhumain que de surveiller son alimentation ? Personne n'est trop vieux pour faire un peu de gymnastique et beaucoup de marche.

de sa femme prouve qu'il ne l'aime pas. Celui qui néglige son corps ou se laisse aller à des vulgarités quotidiennes n'a peut-être pas un sentiment profond. L'homme ou la femme qui s'obstinent à ne pas vouloir faire un effort pour faire la cuisine révèlent leur égoïsme, leur vanité ou... leur bêtise.

Si un homme préfère tout le temps la compagnie de ses copains ou de ses collègues à celle de sa femme et de ses enfants, il aurait mieux fait de rester célibataire. Le cadre supérieur qui est plein d'admiration pour son chef et serait presque disposé à lui lacer ses chaussures, s'il rétorque à son partenaire conjugal qu'il (ou elle) n'est pas à son service, alors qu'on ne lui demande qu'un menu service, aurait été plus à l'aise comme domestique chez quelque châtelain que comme époux ou épouse. Le mari auquel sa femme ne cesse de demander d'arrêter de fumer la pipe et qui ne s'y résout pas démontre que sa pipe lui est plus chère que la satisfaction de sa femme.

PLUS LA QUERELLE EST INSIGNIFIANTE, PLUS NOUS SOMMES INSIGNIFIANT

Avez-vous remarqué que les motifs de dispute se réduisent presque toujours à des insignifiances ? Lorsqu'un couple les évoque après une réconciliation, il a bien souvent conscience que la querelle était dérisoire. Il ne faut pourtant pas beaucoup d'intelligence pour comprendre les aspirations et les désirs de sa compagne ou de son compagnon. Si l'on a une affection sincère, on les comprend et l'on fait ce qu'il faut pour les satisfaire. Mais notre amour-propre nous flatte et durcit notre pensée. Nous nous crispons sur une parole dite sans acrimonie, ou nous nous froissons pour des maladresses sans importance.

Si l'on n'a pas beaucoup d'amour, efforçons-nous au moins d'avoir un minimum d'humour et de ne pas prendre nos états d'âme au sérieux.

LA PAIX EN AIMANT, LA VICTOIRE EN TRAVAILLANT

La bonne harmonie entre homme et femme est plus importante qu'on ne l'imagine. Certains sociologues américains ont établi une corrélation statistique entre cette réussite et celle dans la profession. En d'autres termes, ceux et celles qui échouent dans leur vie affective échouent souvent dans leur vie professionnelle. Quoi d'étonnant à cela, puisqu'il est difficile d'être énergique et optimiste au travail si l'on est malheureux dans son foyer ?

Essayez de trouver des exemples de corrélation entre la bonne harmonie du couple et la réussite professionnelle. Vous verrez qu'il y a beaucoup de vérité dans cette observation toute simple, en l'assortissant des nuances et des exceptions toujours possibles.

SUBORDINATION ET DOMINATION

La personne malheureuse et dominée en ménage finit par avoir l'air d'un chien battu et son chef peut considérer qu'elle manque de caractère. Ses collègues la trouvent maussade et elle finira par ne plus croire en elle. Son dos sera voûté et elle verra tout en noir. Elle n'aura plus la force de réagir à une parole malveillante et ses supérieurs ne voudront pas lui confier de responsabilités.

Comment quelqu'un aurait-il du mordant et du tonus si son partenaire conjugal lui fait savoir sans ambages qu'il est une sorte de raté ? Le foyer est un lieu où l'on doit retrouver des forces, un peu comme Antée, ce géant de la mythologie grecque qui retrouvait son courage chaque fois qu'il reprenait contact

L'homme que la femme encourage n'est jamais abattu, de même pour la femme

avec le sol. Celui ou celle que sa conjointe ou son conjoint encourage et soutient quoi qu'il advienne, et quels que soient ses travers, n'est jamais désemparé(e) ou abattu(e). Celui ou celle qui a affaire à une (ou un) égoïste ou à une (ou un) indifférent(e) ne pourra jamais donner sa mesure.

LE MÉPRIS

Bien entendu, il en va de même pour celui ou celle dont le compagnon ou la compagne s'acharne à lui faire comprendre dans quel mépris il le (la) tient. La personne qui se sent délaissée ou même abandonnée, malgré la présence quotidienne de son compagnon ou de sa compagne, n'a aucune chance d'avoir même envie de développer ses aptitudes. Si elle a du courage et beaucoup de caractère, elle finira par lui dire adieu, mais les enfants seront victimes de la désunion.

Mais si nous prenons l'exemple – ô combien banal – de la femme que le mari n'a même pas envie de complimenter sur ses qualités, il n'y a aucune chance pour qu'elle trouve le goût et l'énergie de faire mieux que ce qu'elle fait. Il est bien connu qu'une femme ne peut être désirable que si elle se sent désirée. Dans ce cas, elle n'aura guère envie d'entretenir ou d'affiner ses attraits si son conjoint n'y prend jamais garde. Elle sera peu encline à faire des projets, aussi bien pour elle-même que pour les deux. Pourquoi chercher à construire quelque chose si l'on sait d'avance que l'autre n'est pas intéressé, ou simplement que tout risque d'être démoli à brève échéance ?

QUE FAIRE FRUCTIFIER EN PREMIER :
SES AMOURS OU SES AFFAIRES ?

Si, donc, il y a un lien entre la réussite professionnelle et celle du couple, quel doit être le but premier d'un jeune ménage, puisqu'il est difficile de distinguer la cause de l'effet, là comme ailleurs ?

En premier lieu, la réussite affective n'est pas une garantie pour nos affaires. À mon humble avis, l'entente affective est à cultiver en tout premier lieu. Elle est la grande condition d'autres formes de réussite et, si celles-ci ne viennent pas, au moins aura-t-on été heureux, ce que tout le monde ne peut pas dire.

Mais si le couple a les yeux fixés sur l'accroissement de ses biens et si tous les efforts de chacun sont au service de son entreprise ou de son administration, quel temps lui restera-t-il pour jouir de certains instants et parler d'autre chose que des éventuelles promotions ? Qui de nous n'a connu ce genre de personne, dont les conversations tournent sans cesse autour des futurs achats, des économies, des profits, des soldes ou des

LE DIVORCE

Certaines personnes ont fait fortune après leur divorce, c'est vrai. Mais n'est-ce pas dans les milieux où de toute façon elles n'auraient pas manqué d'argent, quoi qu'il arrive ? Qui oserait dire que les séparations ou les ruptures contribuent à enrichir les protagonistes, puisque l'on constate chaque jour le résultat contraire ? Comment s'y prendre pour éviter l'échec ? Quel conseil donner à un jeune couple ? Recommander de multiplier les efforts en vue d'améliorer sa situation matérielle afin de fortifier l'union, ou insister sur la nécessité de beaucoup s'aimer et de bien s'entendre afin de progresser à tout point de vue ?

Bien sûr, il y a le cas de la femme très forte moralement qui décide un beau jour de se passer d'une compagnie encombrante. Cependant, il s'agit tout de même d'un échec qu'il faudra peut-être des années à surmonter, même si l'intéressée n'est pas particulièrement sensible.

héritages prévisibles ? Ce type de préoccupation atteint tous les milieux, y compris ceux qui possèdent peu de chose et veulent à tout prix acquérir sans cesse.

Imaginons maintenant un couple « traditionnel » qui a réussi : l'appartement est acheté et la voiture est fraîche. Les vieux parents sont fiers et les enfants aussi. Mais le mari est déjà sous traitement, tant il a travaillé et commis des excès de toutes sortes à cause de prétendues obligations extérieures. D'ailleurs, sa femme le soupçonne d'avoir eu des bonnes fortunes au cours de ses voyages dont elle pense que certaines n'étaient pas nécessaires.

Prenons maintenant l'exemple du couple qui ne pense qu'à entasser de l'argent, mais dont la réussite sociale reste à l'état de chimère, soit par manque de talent, soit parce qu'il est né sous une mauvaise étoile car la providence existe et la malchance aussi.

Si chacun est devenu amer et acariâtre, où est la joie de vivre ? Peut-être

HARMONIE DU COUPLE = HARMONIE DANS LA VIE SOCIALE

Essayez de trouver des exemples de corrélation entre la bonne harmonie du couple et la réussite professionnelle. Vous verrez qu'il y a beaucoup de vérité dans cette observation simple, en l'assortissant des nuances et des exceptions toujours possibles.

qu'avec de la fraîcheur et du désintéressement tous deux auraient au moins connu quelques années de satisfaction ? Si l'on ne prend pas un acompte sur le temps du paradis, l'existence risque d'être singulièrement grise. Attention, la vie est courte : c'est une banalité un peu plate de le rappeler, mais c'est aussi une vérité éternelle, d'autant plus pertinente que plus personne ne sait savourer l'instant qui passe tant la vie moderne s'y prête peu.

SAVOIR AIMER À TRAVERS LE TEMPS ET MALGRÉ LE DÉCLIN PHYSIQUE

De toute façon, il est plus sage d'agir comme si l'harmonie dans le couple était toujours à refaire, puisque l'on risque de tout y gagner. Même pour un couple uni, il est bon que chacun fasse un effort quotidien comme s'il était fragile.

Les fêlures et les déchirures sont une menace permanente, parce que nous sommes des créatures changeantes et influençables. Nous sommes grisés par le moindre succès ou moindre réussite, et nous ne savons pas que nous vieillirons très vite. À trente ans, nous n'imaginons pas que notre corps se dégradera un jour et que plus personne ne nous regardera, si ce n'est avec un brin d'ironie quand ce ne sera pas avec un peu de pitié. Nous serons bien content de trouver quelqu'un près de nous qui ne sera pas dégoûté et nous aidera à surmonter l'épreuve de la maladie.

C'est l'inconscience de la jeunesse qui nous voile les dures réalités du futur. Si nous perdons notre situation et que tous, y compris les chers amis, nous oublient et nous méprisent, il sera bon de sentir une affection sincère et totale pour nous aider à croire que nous ne sommes pas devenu un pauvre type ou une vieille bancale.

Prenons exemple sur les chiens – tout au moins sur ce point. Contrairement aux humains, ils continuent à nous aimer, même si nous sommes devenus laids, pauvres et malades. Les clochards n'ont pas à se plaindre d'eux : s'ils sentaient la lavande ou le jasmin, les chiens ne remueraient pas plus la queue en s'entendant appeler.

Il ne faut se faire aucune illusion sur les relations, même sur celles qui paraissent chaleureuses. À partir du moment où la maladie commence à nous atteindre, c'est surtout auprès de la compagne ou du compagnon de vie que l'on peut trouver quelques paroles roboratives et une présence.

Les personnes très fières de leurs aventures pendant une période de leur vie risquent de se retrouver totalement abandonnées dès qu'elles auront cessé de plaire. La femme de cinquante ans, très contente jusqu'à présent de son célibat, mais prise en pleine nuit d'une sciatique aiguë et incapable de se lever pour aller chercher un antalgique, regrettera de n'avoir pas un compagnon auprès d'elle.

Cet état d'esprit peut ne durer que le temps de la maladie, mais il en est un autre qui peut durer jusqu'à la fin de ses jours : le sentiment de la solitude. Il est d'autant plus pénible que l'on avance en âge. Si l'on s'est cru invulnérable en étant jeune et que l'on a déclaré orgueilleusement n'avoir besoin de personne, un jour vient où l'on commence à avoir des angoisses de n'avoir pas un seul appel téléphonique. Ni une petite lettre pendant des mois. Cette détresse est très fréquente.

Beaucoup de femmes sont les victimes du veuvage ou du divorce. Sans doute est-il possible de combattre la solitude en allant vers les autres et en faisant des invitations. Mais celles-ci n'apportent pas fatalement des soutiens, et il y a la solitude de la nuit.

Évidemment, la femme seule peut retrouver un compagnon, mais rien ne garantit une cohabitation délicieuse. Il est d'ailleurs difficile de supporter les manies ou les maux du voisin si la vie en commun n'a pas été longue. L'homme qui porte un bandage herniaire et est atteint d'hémorroïdes n'a pas envie de sortir le soir et risque de manquer de charme et de dynamisme. La dame en face de lui pourrait bien regretter d'avoir accueilli ce nouveau personnage (surtout si elle est intéressée et que le montant de sa retraite est plus faible qu'elle ne l'avait cru).

Ces pensées ne viennent pas à l'esprit des deux membres d'un couple uni. Même s'ils ont connu des querelles et même des orages, l'homme et la femme qui ont vécu des épreuves – et Dieu sait que personne n'est épargné – sont beaucoup mieux armés pour supporter les inconvénients du vieillissement.

Les enfants n'apportent pas tous les jours le réconfort dont le couple a besoin. Les professionnels des cliniques savent combien est fréquent l'abandon des personnes âgées. Aucun d'entre nous n'est assez fort pour supporter les malheurs sans l'aide de l'autre. Si l'un est malade ou au chômage pendant des mois ou des années, sachez bien que personne ne lui viendra en aide, hormis le conjoint.

LA MESURE DE L'AMOUR : LES ÉPREUVES

Elles sont un bon test de solidité et de mesure de l'affection. Si le couple est brisé dès la première épreuve, il aurait mieux valu qu'il n'existât jamais. Il est sans intérêt de se demander si chacun agit par sentiment ou par devoir, mais sachez bien qu'un couple bâti à la va-vite ne connaîtra pas, au-delà d'un certain âge, et surtout s'il n'a ni souvenirs délicieux ni liens solides avec des enfants (ou n'a que des rapports courtois avec ceux d'un autre lit), cette entente et cette affectueuse complicité que donne la pratique d'une longue vie commune.

AVOIR LES ESPOIRS DE SON ÂGE, RIEN DE PLUS

Nous savons bien tout ce que l'on a pu dire ou écrire sur ces questions. Il y a des hommes et des femmes qui ont toute la vie eu le sentiment qu'ils auraient pu trouver mieux parce qu'ils méritaient mieux.

C'est pourquoi, même arrivés à l'âge mûr ou à l'âge « blet » ils ont des espoirs d'adolescence. Tout le monde a connu quelqu'un d'un peu naïf, qui pensait faire une nouvelle vie avec une personne à qui il attribuait mille qualités, à commencer par celle qui consistait à avoir reconnu les siennes. Il y a quelque chose de puéril dans tout cela.

Il y a un âge pour tout ; c'est un vieil adage fort juste. Si l'on a échoué dans sa vie affective une fois, il n'est pas sûr que l'on réussira la deuxième. D'ailleurs, si les réussites arrivent trop tard, il y a des joies que l'on ignorera toujours.

Regardez ce qui se passe dans la vie professionnelle : les belles carrières se font vite et dès la jeunesse. Une ambition satisfaite à un âge vénérable perd beaucoup de son attrait. Il est exact que l'on peut être heureux d'entrer à l'Académie française à quatre-vingt ans, mais c'est là une satisfaction d'amour-propre.

Trouver l'homme ou la femme qu'il vous faut à soixante ans perd beaucoup de son intérêt et, si cette union tardive est un échec, les conséquences sur le moral risquent d'être lourdes. Les espoirs et les projets sont réduits à néant et un déménagement est une infâme corvée si l'on n'est plus jeune.

Pour réussir sa vie sentimentale, il faut d'abord être prêt à faire taire nos petites vanités, notre égoïsme et à maîtriser nos mouvements d'humeur. Bon nombre de chamailleries ont des motifs insignifiants. Tout le monde en a fait l'expérience. Nous avons vu que les incompréhensions entre l'homme et la femme qui vivent ensemble causent des dommages terribles, sur l'état d'esprit présent et futur, sans parler de ceux dont les enfants sont victimes.

Ces dégâts ont souvent des origines dérisoires dans lesquelles on retrouve toujours l'éternel égoïsme ou simplement des bouffées de vanité et, bien entendu, une faille dans la sincérité des sentiments. Les dissensions à l'intérieur du couple sont d'une autre nature que celles pouvant surgir entre l'homme et la femme dans d'autres circonstances, comme par exemple dans la vie professionnelle. Je ne manquerai pas d'aborder cette question car nous connaîtrons peut-être un jour une guerre des sexes. Elle existe déjà d'une façon feutrée et elle est diabolique. Mais avant d'examiner ce point il nous faut réfléchir ensemble sur l'incompréhension entre parents et enfants.

L'incompréhension entre parents et enfants

Ni trop sévère ni trop indulgent

Tout le monde a entendu parler d'un auteur russe dénommé Tchekhov (1860-1904). Sa description des classes moyennes et des mœurs des paysans est d'un pessimisme très prononcé. Même son humour est triste. Nous allons voir que son éducation y était peut-être pour quelque chose.

Son père le fouettait pour des peccadilles et le faisait travailler dans un magasin où l'on vendait des produits rancis. C'était un antre de style bric-à-brac mal éclairé et sale. L'enfant y vendait du suif ou des bonbons gluants dans un climat glacial. Il ne vint jamais à l'esprit du père de Tchekhov que son fils avait peut-être besoin d'autre chose que de sévices pour se développer.

Il est miraculeux que ce garçon ait pu faire de longues études de médecine et donc se pencher sur la souffrance des autres. Cet enfant sensible, qui aurait eu tant besoin d'affection et de chaleur, ne délaissa jamais ses parents, contrairement à ses frères, tant il est vrai qu'un même mode d'éducation peut avoir les conséquences les plus différentes sur les enfants. Ce sera là notre première observation.

Car il est très aventureux de chercher des solutions d'ordre général en matière d'éducation, puisqu'il est utile d'être coercitif avec certains et très dommageable de l'être avec d'autres.

Le père de Tchekhov justifiait ses brutalités par les coutumes héréditaires : « J'ai été élevé ainsi et tu vois bien que ça m'a réussi », disait-il ingénument à sa femme, alors que sa vie professionnelle n'avait été qu'un cuisant échec. Ce sinistre personnage ne s'était jamais demandé s'il comprenait bien ses enfants. Pourtant, le brave Anton Tchekhov non seulement n'en voulut jamais à son père, mais se tua à la tâche plus tard pour lui venir en aide. On le voit, malgré les excès commis en matière de châtiments corporels, les qualités morales telles que l'honnêteté, le courage ou l'intelligence n'ont pas été détruites chez les humains.

L'ALIMENTATION

L'idéal serait que les parents ne se contentent pas de nourrir leurs enfants sans chercher à savoir si ce qui leur est servi leur est bien nécessaire, mais, au contraire, cherchent ce qui ne leur est pas nocif. Il y a bien des façons de se renseigner. Les publications sur la diététique ne manquent pas. Par ailleurs, il faut combattre et éviter les caprices des enfants. Par nature, les plus jeunes disent : « Je n'aime pas ça » si le plat est nouveau et qu'ils n'y ont jamais goûté. L'argument selon lequel les adultes ont aussi leurs préférences n'a aucune valeur.

Ensuite, il ne faut pas les gaver comme des oies, car ils risquent de devenir obèses, avec tous les dangers futurs que cet état promet.

Le plus cocasse, c'est que bien des adultes ayant eu des parents qui les ont laissés tout faire ne manquent pas de le leur reprocher, tandis que ceux qui en avaient de plus sévères leur en savent gré plus tard – mais le comportement du père de Tchekhov n'est pas à imiter ! Si Anton n'avait pas eu ce caractère tendre et indulgent, il serait peut-être devenu un voyou ou une brute.

La brute qui fouette un tendre enfant comme Anton Tchekhov ne comprend pas son fils. Mais qu'en est-il d'un père de famille incapable d'exercer la moindre autorité ? Il suffit d'avoir enseigné ou simplement d'avoir eu des enfants pour savoir qu'une fessée est l'ultime moyen de faire entendre raison à un gamin. De nos jours, une abondante littérature cherche pourtant à prouver que la discipline ou les punitions infligées aux enfants contribuent à fabriquer des sournois méchants ou des pusillanimes. Il est même recommandé de laisser se manifester librement les comportements pour que la personnalité des enfants s'éveille et s'épanouisse. La vérité se situe certainement à mi-chemin entre la permissivité et l'ordre.

La force de l'exemple

Les parents se font bien des illusions s'ils s'imaginent avoir fait tout leur devoir pour leur progéniture dès lors que celle-ci est nourrie et habillée. Ont-ils songé eux-mêmes à avoir assez de tenue afin que leurs enfants les imitent sans même s'en rendre compte ?

On ne voit pas pourquoi des parents se permettraient de reprocher à un adolescent ses déplorables notes de français si celui-ci entend chez lui un

À SAVOIR

Rappelez-vous que les jeunes aiment avoir des parents levés avant eux et bien astiqués dès le matin. Pourquoi aurait-on des enfants énergiques si la toilette n'est pas encore faite à 11 heures le dimanche et s'il faut faire la queue chez le boulanger à midi parce que personne n'a rien prévu ?

langage de soudard. Lorsque les parents se laissent aller tous les jours à des grossièretés et que leur bibliothèque ne contient que quelques livres, ils ne peuvent tout de même pas espérer que leur fils ou leur fille s'expriment convenablement – surtout s'ils ne les reprennent jamais.

Il suffit d'entendre le langage actuel de certains étudiants – y compris ceux qui ont choisi la filière des lettres – pour être renseigné. Gageons que s'ils avaient toujours entendu des phrases mieux construites et jamais de langage grossier leur expression écrite et orale serait meilleure.

Si des parents ne comprennent pas que les exemples forment un tout, ils n'ont pas à se plaindre. Il n'y a pas d'un côté les professeurs de français et de l'autre les parents. Ceux-ci s'appuient sur ceux-là. Il n'y a pas une façon de s'exprimer à la maison et une autre au lycée. Que dirait-on d'un académicien au langage raffiné devant ses collègues et qui s'adresserait à sa femme et à ses enfants comme un truand de grande banlieue ?

Nous retrouvons là une vieille et solide vérité : les sermons ne sont efficaces que s'ils sont accompagnés de l'exemple.

Veillez à donner une image tonique et saine de vous.

Les enfants et les jeunes n'aiment pas l'indolence et le pessimisme.

Veillez à donner une image tonique et saine de vous

N'ayez pas l'air d'un homme des bois ou d'une souillon. Les enfants, et surtout les adolescents, sont humiliés d'avoir des parents qui ressemblent à des clochards. N'ayez pas non plus l'air trop original. Les enfants seront d'une incompréhension totale à votre égard si vous vous livrez à des pitreries dans la rue ou si votre façon de s'habiller fait rigoler tout le quartier.

La période de la puberté

Passons maintenant à une forme d'incompréhension plus délicate mais très importante : la période de la puberté est celle des tourments.
C'est une deuxième naissance et ce nouvel enfantement est douloureux.
C'est le moment ou jamais pour les parents d'être attentifs mais discrets.
Les investigations inopportunes, les paroles ironiques ou les railleries à l'égard des jeunes gens sont à bannir absolument. Il faut respecter leur intimité et ne rien prendre au tragique, hormis les dérives graves, comme l'usage de la drogue.
Pour l'adolescent, la première disposition à développer le plus tôt possible consiste à n'être pas influençable et à veiller à ses fréquentations. La solitude est nocive aux adolescents, mais la promiscuité avec des délinquants l'est encore plus. En d'autres termes, il convient d'habituer filles et garçons à ne se laisser entraîner à rien qui puisse leur nuire. Il y a hélas des cas d'aveuglement. Citons deux grandes catégories : les naïfs et les méfiants. Les premiers voient tout en rose et sont bien trop candides pour déceler les tentations de l'adolescence.
Certains pères croient que leur fille ressemble à sainte Thérèse de Lisieux alors qu'elle a eu des complaisances pour tous ses copains de classe. Certaines mères se réjouissent d'avoir un garçon qui hante les musées et les concerts sans se préoccuper des filles et découvrent un jour qu'il n'en recherche aucune parce qu'il est tourné vers l'autre versant...
L'autre catégorie est constituée par les parents systématiquement méfiants. Rien n'agace autant les jeunes, surtout s'ils sont sains. Quoi de plus irritant en effet que d'être épié et de se sentir sans cesse soupçonné ? Il y a même des jeunes qui sont capables de commettre des imprudences uniquement pour le plaisir de narguer leurs parents. Si l'on veut des enfants sournois, craintifs ou pervers, c'est un bon moyen pour y parvenir. C'est pourquoi les relations entre parents et enfants doivent être empreintes de clarté et si possible d'humour. En ridiculisant certains vices, et en en montrant les conséquences sur l'aspect physique ou la santé, on a plus de chances d'être entendu que si l'on brandit la menace d'un châtiment ou si l'on cultive le sentiment de culpabilité. D'ailleurs, l'incompréhension entre parents et enfants vient plus souvent de ce qui a été tu et dissimulé que de ce qui a été

UN GRAND PROFESSEUR PARLE

Il n'est guère possible de recommander des conduites sans faire appel à celui dont les *Propos sur l'éducation* – Alain (1868-1951)[1] – sont considérés comme un chef-d'œuvre. Ses détracteurs se trouvent parmi ceux qui sont désormais impuissants à contenir les débordements des potaches. Leurs idées fausses font des victimes, à commencer par eux-mêmes. Alain insiste longuement sur l'imposture qui consiste à laisser croire à l'enfant que l'on peut s'instruire en s'amusant et sans que cela coûte le moindre effort. Il est fait grand usage de ce genre de méthodes, si tant est que l'on puisse utiliser ce mot. Si l'on veut que toute étude se fasse par l'intermédiaire d'un jeu, on méconnaît une vieille loi de nature selon laquelle nous ne sommes jamais dispensés de l'effort dès qu'il s'agit d'acquérir une connaissance, ou quoi que ce soit d'autre. Les parents ou les enseignants qui épargnent sans cesse tout effort aux jeunes découvriront trop tard que leur volonté n'est pas entretenue et qu'ils ne savent rien. « L'enfant vous méprisera de l'avoir flatté », dit Alain. Les professeurs faibles et qui cherchent d'abord à plaire à leurs élèves l'apprennent à leurs dépens.

1. *Propos sur l'éducation*, éd. Rieder, Paris, 1931.

dit. Entre adolescents et parents, le tact est vivement recommandé, mais la franchise et la fermeté le sont tout autant.

Les enfants et les adolescents n'aiment pas jouer avec les adultes chargés de les instruire. Sans même en avoir conscience, ils estiment que leur monde n'est pas le nôtre et ils ne veulent pas que l'on se mêle de leurs petits secrets. Les adolescents ont ce point commun avec les jeunes enfants. Les jeunes veulent pouvoir faire des choix et prendre des décisions. C'est en outre une façon de lutter contre l'ennui et la morosité.

Quoi de plus irritant que d'être épié ou soupçonné ?

Le soutien à ceux qui enseignent

S'il est une incompréhension moderne et gravissime, c'est bien le soutien inconditionnel donné aux enfants quand il est urgent de les tancer. Il fut une époque où les instituteurs et les professeurs pouvaient au moins espérer être approuvés lorsqu'il fallait infliger des punitions.

Mais une sensibilité excessive, associée à une certaine vanité ont conduit des parents à ne plus supporter que leur rejeton reçoive le juste châtiment de son chahut ou de sa paresse. On peut même se demander pourquoi les adultes se plaignent de la délinquance, puisque leur attitude y contribue. Le père qui invective un professeur parce que celui-ci n'admet pas une impolitesse de son enfant est un inconscient. Ce père ne tardera pas à payer le prix de son erreur.

Bien sûr, il y a des enseignants injustes, mais il est tout de même rare qu'ils s'acharnent sur un enfant tranquille et studieux. Certains parents se soucient comme d'une guigne de l'attitude de leur progéniture, et la plupart d'entre eux surévaluent leurs mérites.

Nous avons tous connu ces mères qui prennent leur fils ou leur fille pour des petits génies. La moindre aptitude et le plus petit talent en dessin ou en musique sont élevés au rang de dons extraordinaires. Cette flatterie permanente est un des meilleurs moyens pour fabriquer des vaniteux et des êtres légers et sans pugnacité. Comme d'habitude, la sagesse des parents doit se situer à égale distance entre l'adulation naïve pour les enfants et l'indifférence à leur égard.

ÉCHOUER À L'ÉCOLE N'EST PAS RATER SA VIE

Il ne faut pas menacer celles ou ceux qui ne réussissent pas bien en français ou en mathématiques d'une carrière de couturière ou de maçon. Le métier de couturière est noble. Il implique une grande responsabilité, surtout s'il s'agit d'un tissu de prix. Quant à la difficulté du métier de maçon, on ne l'imagine guère. En quoi le fait d'édifier une maison est-il moins distingué que d'aller vendre des desserts à un patron de grande surface ? Les gens qui ont un métier en main peuvent l'exercer partout et peuvent se permettre de dire le mot de Cambronne à n'importe qui. Les carrières plus classiques, comme celles des cadres commerciaux, ont leur face noire : ces professionnels sont parfois tenus à mille courbettes devant cette idole qu'est le « chiffre » (d'affaires), s'ils ne veulent pas voir leurs supérieurs faire la grimace.

Quant à la petite pianiste qui charme ses grands-parents et deux ou trois voisines en jouant une valse de Chopin, quelle ne sera pas sa déconvenue le jour où elle devra entendre une élève du Conservatoire national de Paris jouer devant elle l'un des morceaux qu'elle pensait si bien maîtriser ! Avant de s'enthousiasmer pour les talents d'un enfant et d'imaginer pour lui un avenir brillant, il est prudent d'établir des comparaisons avec les meilleurs de ses camarades.

Mais les parents qui ne cessent de décourager leurs enfants et, surtout, ne s'acharnent pas à les convaincre qu'ils ont nécessairement des aptitudes manquent gravement à leurs devoirs.

Rappeler l'essentiel : chaque jeune homme et chaque jeune fille a un don

Il y a toujours quelque chose qu'un jeune saura bien faire. Tout l'art de l'éducateur – parent ou non – consiste à déceler ce don et à encourager l'intéressé à le développer. Mais, souvent, il s'agit bien plus que d'un don, car tous les êtres en ont plusieurs en germe. S'il est vrai que les conditions du milieu géographique et familial facilitent ou gênent leur développement, de même que les circonstances vécues, il reste qu'il est souvent possible à quelqu'un d'exploiter un talent quelconque.

Lorsque nous sommes jeune, nous ne sommes guère lucide sur nos talents, parce qu'ils sont en friche, ou parce que nous nous en attribuons que nous n'avons pas. Il incombe aux adultes d'aider à cette investigation. Comment ne pas souligner que faire découvrir par leurs enfants leurs dispositions devrait être le premier souci des parents ?

LES TESTS PSYCHOTECHNIQUES

Ils peuvent apporter un précieux éclairage. Le lecteur en trouvera quelques-uns vers la fin de cet ouvrage. Ils sont conçus pour que l'interprétation des résultats ne suscite pas de difficultés. On sait bien qu'ici, ou dans d'autres domaines, les spécialistes aiment s'entourer de mystère. Il y a des tests qui ne sont rien d'autre qu'une sorcellerie moderne. Le lecteur voudra bien ne pas oublier que le fait d'établir un graphique, ou de placer des chiffres dans tous les coins d'un tableau, n'est pas une garantie scientifique. Ce n'est pas parce que l'on apporte des résultats quantifiés que l'on est fatalement pertinent dans l'observation d'un sujet.

Les gens de l'enseignement ne peuvent guère le faire, pour la simple raison qu'il est impossible d'être lucide sur la forme d'esprit et les talents de trente-cinq enfants. Hélas, beaucoup de parents ne voient pas les talents potentiels de leurs enfants. Comment faire dans ce cas ?

L'essentiel est d'avoir le bon sens de chercher un œil neuf, en principe impartial, qui peut être celui d'un spécialiste de l'orientation. Malgré leur rareté, il en existe, mais il faut être d'une prudence de Sioux dans leur recherche : la possession de certains diplômes n'est pas une garantie, car le contenu des programmes pour les obtenir peut ne rien avoir à faire avec la question des dons à découvrir.

L'excès de complaisance des parents à l'égard de leurs enfants ou le détachement distingué entraînent des échecs préjudiciables pour la vie professionnelle, qu'il faudra bien commencer un jour ou l'autre. Il est banal de rappeler que les échecs en première ou deuxième année d'université, suivis d'une troisième inscription dans une autre université, sont un défi au bon sens. Il est vraiment indispensable de déceler très tôt les aptitudes diverses des jeunes, afin de connaître vite les études, les métiers ou les fonctions pour lesquels ils ne sont pas faits et ceux qui leur conviennent.

Faire des études n'est pas un signe de supériorité

Disons tout d'abord qu'il ne suffit pas de bien connaître une langue pour savoir l'enseigner. Lorsqu'une lycéenne aime bien l'anglais ou l'espagnol et que ses parents lui conseillent de poursuivre jusqu'à la maîtrise ou au-delà afin de devenir professeur de collège, ils se laissent aller à une conclusion dangereuse, surtout si la jeune personne avait commencé ses études dites secondaires par l'étude de la comptabilité en dominante. Évidemment, il est plus chic au bureau d'évoquer ce genre de projet que celui d'une entrée en centre d'apprentissage. Mais le réveil risque fort d'être douloureux après la énième année d'université et la proximité de la trentaine sans aucune qualification rentable. Il est hors de doute que cette jeune personne aurait pu montrer d'autres aptitudes si ses parents avaient pris soin de les rechercher.

Dieu merci, nous ne sommes pas tous des intellectuels et, d'ailleurs, le mot est très difficile à définir. Le grand malheur est d'avoir transformé un adjectif en nom commun. Il ne suffit pas de n'être pas manuel pour être intellectuel.

Vous voyez que l'incompréhension des parents à l'égard du caractère et des aptitudes de leurs enfants est non seulement à l'origine de bien des conflits, mais aussi de force échecs.

Rien n'est jamais perdu d'avance

Encore un domaine où il ne faut ni pêcher par la certitude d'avoir enfanté un as ni s'imaginer que les dons apparaîtront fatalement s'ils existent. Un garçon peut être capable physiquement de devenir champion de course à pied, mais s'il ne s'entraîne jamais il n'a aucune chance d'y arriver. Il en est de même pour toute acquisition intellectuelle ou technique.

Mais, même dans le cas où un enfant souffre d'un handicap quelconque, il est insensé de croire qu'il ne sera bon à rien. Les sourds peuvent devenir relieurs et les aveugles font d'excellents standardistes. Ce sont là des extrêmes.

Le jeune qui paraît hermétique à l'acquisition de toute connaissance pourra sans doute exceller dans une tâche. Rien n'est jamais perdu et le fait de classer un adolescent dans la catégorie des nuls est très aventureux. Il est parfois bien long de trouver une voie convenable, et bien des jeunes hésitent avant de pouvoir en choisir une. Ce flottement est naturel. Pour faire les choix importants de la vie, il faut être mûr.

Certes, le fait que les travaux simples et répétitifs sont désormais exécutés par des machines entraîne la nécessité d'une qualification si l'on ne veut pas rester au bord du chemin et être un assisté toute sa vie, mais il existe de nombreux et beaux métiers qui n'exigent pas des aptitudes extraordinaires.

Nul n'est inintelligent

Disons encore que les diagnostics et surtout les pronostics sombres sur les jeunes dont l'esprit semble bouché à l'émeri sont bien hasardeux. On peut être paresseux et paraître d'une bêtise de plomb jusqu'à seize ans et prendre brusquement conscience de la nécessité du travail.

Il y a des évolutions spectaculaires à cet âge-là, de même qu'il y aura des déceptions à propos d'enfants pour lesquels les parents prévoyaient un destin national. Le grand Alain dit, dans ses *Propos sur l'éducation* : « Je n'aime pas du tout que l'on dise d'un tel qu'il n'est pas intelligent. » C'est en effet la réflexion de quelqu'un qui ignore l'immense variété des aptitudes et donc les diverses formes d'intelligence.

Dans le chapitre consacré aux tests, nous ne manquerons pas de reparler de cette question tout en nous gardant de toute candeur plus ou moins démagogique. Par les tests, on recense une telle variété d'intelligences que chacun est sûr de trouver la sienne.

Par ailleurs, le mot « intelligent » est entouré d'une sorte de nimbe. On peut être intelligent au sens courant que chacun donne à ce mot et être totalement dépourvu de fermeté ou d'imagination. Jongler avec des idées ou des formules n'est pas la caractéristique des personnes qui réalisent des œuvres durables.

Un chef d'entreprise dont l'intelligence fait l'admiration de sa femme et de ses enfants peut manquer de jugement aussi bien dans ses choix stratégiques que dans celui de ses collaborateurs. Quant aux financiers qui achètent des valeurs en Bourse et les revendent avec bénéfices, ce ne sont pas seulement ceux qui ont les yeux fixés sur des graphiques ou sur des observations quantifiées et prétendues objectives. Leur intuition y est pour beaucoup.

Malheureusement, nous savons tous que les critères de réussite dans les études concernent davantage l'aptitude à redire avec plus ou moins de bonheur ce qui a été enseigné qu'à donner des preuves de jugement et de créativité. Mais entendons-nous bien : il est évident que l'enfant et l'adolescent doivent d'abord assimiler les vérités connues et découvertes depuis longtemps. Il est absurde d'attendre d'eux qu'ils inventent ce que l'humanité a mis des siècles à trouver. Ce qui est parfois cocasse dans les questions de philosophie posées aux jeunes candidats au baccalauréat, c'est de leur demander de donner un avis sur des questions auxquelles les plus grands esprits n'ont jamais pu répondre depuis des siècles.

Le savoir n'est pas la connaissance

Il y a bien des gens au savoir encyclopédique dont la personnalité est falote et incolore. Un chef de service bardé de diplômes peut être totalement dépourvu d'idées quant à l'organisation du travail au bureau et indifférent à la carrière de ses collaborateurs.

Certaines têtes peuvent emmagasiner une somme incroyable de connaissances et ne pas trouver de solution à une question pratique. Demandons donc au Ciel comme une grâce insigne que les parents et les enseignants ne soient ni complaisants ni admiratifs devant les enfants qui paraissent tout comprendre, mais qu'ils ne soient ni méprisants ni désespérés en présence de ceux qui s'adaptent mal aux disciplines scolaires.

On ne répétera jamais assez que la richesse d'une personnalité et sa future efficacité ne peuvent être prévues de façon certaine à l'adolescence, parce qu'il y a des qualités qui s'acquièrent, et parce qu'il y aura toujours des moyens de réussir en marge des normes reconnues. Un chef d'entreprise peut toujours faire établir tous les graphiques et les courbes qu'il voudra ou étudier les grandes pièces comptables et s'entourer de collaborateurs brillants, rien ne remplacera cette espèce de sixième sens qui fait choisir la meilleure stratégie. Regardez ce qui se passe autour de vous. À égalité de diplôme, les carrières peuvent être totalement différentes. Un licencié en droit peut être un modeste rédacteur dans une compagnie d'assurances, alors qu'un autre deviendra directeur à la police judiciaire. Un polytechnicien peut être chef d'un bureau d'études d'une société de mécanique en province, alors qu'un autre sera à la tête d'Air France.

Ces exemples tout simples montrent que les connaissances et les diplômes ne déterminent pas toute la carrière d'un individu.

Les piliers de la réussite

La combativité, l'entregent, l'équilibre personnel, la réussite conjugale et l'imagination créatrice contribuent puissamment à la réussite. Ne faut-il donc pas s'efforcer de développer les qualités de caractère et celles de la sociabilité au moins autant que les aptitudes de l'esprit, si l'on veut voir ses enfants se réaliser et être épanouis ? Sans doute est-ce encore plus difficile que de vérifier les simples résultats scolaires. Faut-il rappeler que la connaissance du quotient d'intelligence est d'un intérêt médiocre et même très contestable ? Tout ce qui concerne l'humain réserve des surprises. Elles sont heureuses ou décevantes, et il faut toujours s'attendre à être étonné.

QUELQUES VÉRITÉS ÉLÉMENTAIRES

● Enseigner le bon goût.

● Apprendre à distinguer le bien du mal (plus important que toute acquisition de connaissances, et ce dès la petite enfance).

● Apprendre aux enfants et aux adolescents à ne jamais se décourager.

● Donner aux enfants et aux adolescents confiance en eux-mêmes – surtout s'ils ont des difficultés dans certaines matières. Ce sera beaucoup plus efficace que les humiliations ou les remontrances brutales.

● Rappeler aux enfants doués qu'ils ont eux aussi des insuffisances, qu'il importe de combler.

● Rappeler aux enfants doués qu'ils ne sont pas très intelligents s'ils méprisent ou brocardent les camarades qui réussissent provisoirement moins bien qu'eux.

Préparer ses enfants à gravir de rudes sentiers

Que les parents et les enseignants se gardent bien de tout pronostic à propos de l'avenir de leurs enfants. La progression des jeunes suit une allure irrégulière et très différente selon les sujets. L'un peut être un cancre à quinze ans et devenir excellent plus tard dans plusieurs domaines.

Il convient donc de préparer nos jeunes à toutes sortes de difficultés et de leur faire comprendre qu'il est vain de prendre prétexte de circonstances favorables indépendantes de leur volonté pour tout laisser tomber.

Presque tous les jeunes ont eu des difficultés. Les uns ont des parents qui se querellent du matin au soir ; les autres ont des parents si peu instruits qu'ils sont incapables d'apporter une aide ou un encouragement quelconques. Certains ont un père qui voyage toute la semaine. D'autres ont une mère malade depuis des années. Un petit nombre a eu la douleur de perdre l'un de ses parents. Des infortunés d'un autre genre souffrent de l'exiguïté de leur logement, d'autres malheureux supportent mal la pauvreté permanente, avec toutes les humiliations qu'elle entraîne, tant dans l'habillement que dans la privation de tout divertissement. Il y a aussi des enfants dont les parents sont si fortunés qu'ils ne les voient qu'épisodiquement et ne leur manifestent qu'une affectueuse indifférence. Enfin, il n'est pas exceptionnel que des jeunes aient à pâtir d'une mauvaise santé native. En d'autres termes, aucun enfant, aucun adolescent n'est à l'abri d'un de ces inconvénients ou de ces malheurs, mais, s'ils ont été préparés à encaisser les tribulations, ils sauront en triompher. Il ne faut donc pas laisser croire que la vie sera un sentier fleuri et non escarpé, car il y a peu de chances dans ce cas de rendre ses enfants combatifs.

Ne jamais douter

L'incompréhension la plus fâcheuse des parents à l'égard des enfants consiste d'abord à s'imaginer que l'on est d'autant plus aimé que l'on est indulgent. Les enfants ne s'insurgent pas contre l'autorité si elle est pertinente et juste. Mais l'affection qui leur est témoignée devra être constante et associée à la protection. Les jeunes ont besoin de sécurité et de certitudes.

Les parents ou les enseignants qui cultivent le doute et le scepticisme ne fabriquent que des indécis. Il existe des personnes qui pensent être libres et indépendantes et encouragent leurs enfants à ne rien choisir trop tôt. Le risque est que, finalement, ils ne choisissent rien du tout. Il faut au

TROIS RÈGLES D'OR

● Se garder, pour les parents et les enseignants, de tout pronostic à propos de l'avenir des enfants. La progression des jeunes suit une allure irrégulière et très différente selon les sujets. L'un peut être encore un cancre à quinze ans et devenir excellent plus tard dans plusieurs domaines.

● Ne pas contredire ni désavouer les professeurs devant les enfants, mais leur faire comprendre que d'autres élèves s'accommodent fort bien des travers de leurs maîtres.

● Ne jamais oublier que les enfants et les adolescents ont trois besoins essentiels : affection, sécurité, autorité.

contraire les habituer à avoir des préférences en toute matière. On ne choisit pas un métier à vingt-cinq ans. La liberté d'esprit ne consiste pas à adopter des points de vue totalement opposés à quinze jours d'intervalle, ou à choisir un type d'études en fonction de ce que fait le fils ou de la fille du voisin. Comprendre ses enfants consiste à ne pas oublier qu'ils ont besoin de nous tout en leur apprenant à ne compter que sur eux-mêmes. Quant à la pédagogie pour les petits, sachez bien qu'elle tient surtout en un mot : le rabâchage. Le reste n'est que littérature.

QUERELLES D'ENFANTS CHEZ LES ADULTES

Lorsque les enfants parviennent à l'âge adulte, la responsabilité des mésententes est bien souvent partagée entre eux et les parents. Notons d'emblée que les causes de l'incompréhension méritent d'être recherchées, puisque celle-ci est la source de maintes souffrances.

L'incompréhension dans la vie professionnelle

La vie en entreprise suscite de nos jours des haines tenaces et des souffrances dont ne peuvent avoir idée ceux qui ne les ont jamais éprouvées.

Il est bien connu que la vie communautaire soulève plus de problèmes qu'elle n'en résout et que nos compatriotes sont restés très individualistes. Aussi il n'est pas étonnant que tout le monde fasse la tête aussi bien en se rendant au bureau qu'en le quittant. Le tableau est trop noir, pensez-vous ? Voire...

Le rêve secret de milliers de personnes est de gagner le gros lot à la loterie pour donner leur démission et s'offrir le luxe de dire leurs quatre vérités au chef et aux collègues qui les gênent depuis dix ans. Si l'on ajoute à cette constatation que les trois quarts des salariés ont une occupation qui ne leur convient pas, il ne faut pas être surpris des dissensions plus ou moins feutrées que chacun devine chez les autres et des tensions qu'il ne connaît que trop chez lui-même.

Bien sûr, un certain nombre de personnes finissent par s'attacher à leurs entreprises et trouvent tout de même des satisfactions à aller travailler. De toute façon, la morosité et le désabusement sont tellement mal vus qu'il faut bien feindre l'enthousiasme. Et il n'est pas impossible qu'à force de jouer les fervents on le devienne un peu.

Les conflits de pouvoir

En tout cas, même si cette brève description de l'atmosphère d'entreprise paraît trop sombre, nul ne peut nier l'existence de difficultés entre ceux qui détiennent un pouvoir et une autorité et ceux qui ont à les subir – même s'il est vrai que certains salariés acceptent volontiers de recevoir des instructions, et qu'il en est même qui aiment se sentir soutenus et surtout débarrassés d'avoir à prendre des décisions ou des responsabilités.

Essayons donc de réfléchir à tout l'assortiment de conflits qui résultent des situations suivantes.

● Il y a ceux qui reprochent à leurs subordonnés d'outrepasser le pouvoir lié à leur fonction.

● Il y a ceux qui chapitrent leurs subalternes parce qu'ils ne prennent pas assez de responsabilités.

● Il y a les subordonnés qui clabaudent contre le chef qui ne veut jamais se compromettre par une décision.

● Il y a le responsable du marketing qui fait tout ce qu'il peut pour amoindrir les mérites du directeur financier auprès du directeur général.

● Il y a le directeur technique qui se plaint âprement des chimères du commercial et de la pusillanimité du financier.

● Pendant ce temps-là, le directeur général entretient les tensions entre tous, car il interprète mal le fameux adage qui recommande de diviser pour régner, en oubliant déjà deux vérités : la première est qu'il faut diviser ses ennemis et non ses collaborateurs ; la deuxième est que rien n'est plus faux que de susciter des dissensions dans le personnel avec l'espoir chimérique d'éviter que l'ensemble ne se dresse contre soi. C'est le contraire. Le directeur qui fait tout ce qu'il faut pour encourager les employés à être solidaires entre eux constatera qu'ils travailleront dans un esprit de collaboration et ne chercheront pas à gêner le patron.

L'atmosphère qui règne dans un bureau vient de la tête et non de la base. Si le patron crée une bonne ambiance, le personnel suivra.

L'inégalité de culture

Voici déjà deux motifs d'incompréhension entre deux personnes de niveau hiérarchique différent : les disparités dues à la culture générale et celles dues à l'origine sociale.

Les incompréhensions entre le chef et ses subordonnés ont plusieurs causes, qui ne font pas forcément honneur à la nature humaine. Nous avons le responsable qui a pour subordonné un personnage dont les études et les diplômes sont plus importants que les siens. Cette situation existe encore, même si elle devient rare. Il y a alors deux hypothèses.

Si le chef a de la dévotion pour le savoir et les compétences et s'il ignore l'envie, tout peut bien se passer sous réserve que le subordonné ne soit pas venimeux ou vaniteux en répandant partout que son supérieur est un âne, en mettant en relief devant tout le monde les lacunes du patron afin de le ridiculiser. Mais qu'il sache que ce petit jeu ne pourra durer longtemps. Si le chef craint comme la peste d'être supplanté et brocardé plus ou moins ouvertement par le subordonné, il s'efforcera d'amoindrir les mérites de son subalterne et risquera d'être très injuste envers lui. Il est même probable qu'il s'ingéniera à lui trouver des insuffisances qu'il n'a pas. Dans une telle situation, la victime a tout intérêt à dire adieu à l'entreprise.

Quant au subordonné qui est fonctionnaire, il fera bien de rédiger sa demande de mutation dès que... le règlement le lui permettra.

Il y a d'autres raisons de conflit dans ce genre de situation. Ce chef d'origine modeste qui a beaucoup transpiré pour obtenir sa place et qui a sous ses ordres un monsieur auquel les parents ont acheté un appartement et récemment une petite voiture de sport pour son anniversaire ne regardera pas son collaborateur avec affection. Mettre vingt ans pour acquérir ce dont un autre dispose dès maintenant agace passablement. Si, d'aventure, le subordonné a la maladresse d'étaler son aisance et de parler de ses sorties ou de ses frasques, notre autodidacte le lui fera payer, surtout s'il est allé dans un lycée technique. Les gens doués pour des disciplines bien concrètes n'ont pas grande considération pour les études générales. Les hommes qui comprennent bien le fonctionnement d'une chaudière ou d'une machine à laver n'ont guère de passion pour les discussions où l'on évoque Marcel Proust ou une philosophie à la mode.

Quel remède peut-il y avoir à ce genre d'incompréhension ? Hormis la modestie de chaque côté, on n'en voit guère, et cette qualité est la plus rare du monde.

La première réflexion qui devrait venir au subordonné distingué et amateur de beaux tableaux ou de bonne littérature serait d'admettre que le chef n'a pas vécu dans un milieu où il aurait entendu parler de toutes les formes de beauté, ou n'a pas habité dans des lieux où elles étaient accessibles. La deuxième réflexion pourrait être de se demander si la forme d'intelligence technique vaut moins de considération que toute autre. Mais il faut déjà un certain degré de culture pour se poser cette question.

La lettre et l'esprit de la lettre

N'en doutons pas, les divergences dues à la culture et à l'origine sociale existeront toujours, mais, hélas, il en est beaucoup d'autres, à commencer par celles ayant pour origine l'incompatibilité des caractères. Je vais vous en indiquer une bien peu connue et qui est pourtant essentielle. Elle sera une révélation pour le lecteur qui va y trouver une explication à bien des mésententes.

PROCÉDURIER OU « LARGE »

Un professeur de philosophie dénommé Gaston Berger (1896-1960) a établi une typologie à partir des images qui habitent notre esprit. Il y a ceux qui se coulent dans les procédures et les « larges » (il va sans dire que cette appellation n'a pas le moindre rapport avec la disposition du cœur et de l'esprit qui nous rend mesquin ou généreux) : leurs façons de travailler et d'aborder toutes les questions sont radicalement différentes.

Imaginez que vous ayez un chef attaché à la précision et aux détails. Vos instructions seront nettes et vous veillerez à ce qu'elles soient scrupuleusement respectées. Si vous êtes un « large », ce type de directives vous agacera parce que vous aurez l'impression d'être corseté dans des règles trop contraignantes et, tôt ou tard, vous chercherez à vous en affranchir. Il arrivera même que vous sauterez des haies et franchirez des barrières sans même vous en rendre compte. Mais dès que le chef s'en apercevra, vous l'entendrez.

Mais parlons de façon plus précise de ces structures mentales. Chacun d'entre nous a dans l'esprit, à un moment déterminé, un nombre plus ou moins grand de représentations différentes. En philosophie, la représentation est l'image fournie à l'intelligence par les sens ou la mémoire. En somme c'est ce qui est présent à l'esprit ou l'état de conscience en général. Pour certaines personnes, l'attention est concentrée sur un petit nombre d'idées ou de sensations, pendant que les autres sont effacées de la conscience. C'est pourquoi vous rencontrez des gens qui paraissent crispés sur une idée ou un détail et ne s'en détachent pas, alors que d'autres paraissent aborder les questions d'une façon plus vague, plus floue et moins centrée sur les détails.

Dans le domaine de la sensibilité, Gaston Berger nous apprend que les premiers sont souvent secs, précis, un peu raides et peuvent être vétilleux si leur culture générale est insuffisante. N'oublions pas qu'un responsable de haut niveau ne saurait être que méticuleux et minutieux.

Les chefs de service ou chefs d'entreprise ne doivent pas s'intéresser avant tout aux détails. Il est dommage qu'ils n'aient pas eu connaissance de ce fameux adage : *De minimis non curat praetor.* Le responsable qui ne peut s'intéresser qu'aux détails risque de ne pouvoir s'occuper de questions importantes.

En revanche, le « large » de conscience n'aime pas ce qui lui apparaît comme une contrainte. Son esprit est à l'aise dans tout ce qui n'est pas rigoureusement délimité. Il est facile d'imaginer les divergences de points de vue entre un chef à l'aise dans les procédures et un tel subordonné. Le premier reproche à son employé de manquer de précision et le second estimera que son chef coupe les cheveux en quatre et même en huit, d'autant plus que ces personnalités sont également très rigoureuses sur le respect de l'heure. Elles découpent le temps en tranches à chaque moment de la journée, alors que les « larges » n'y pensent même pas. Elles recherchent les définitions alors que les larges se contentent de voir à peu près de quoi il s'agit. Elles sont souvent têtues, éprouvent parfois du mal à sortir de leur centre d'intérêt. Il faut leur mettre les points sur les « i » pour leur faire comprendre ce qu'on attend d'eux. Vous voyez bien à quel point ces deux différentes façons d'approcher toute question font naître des agacements et des incompréhensions. Le seul remède est celui que le lecteur vient de découvrir : connaître l'existence de cette disposition du cerveau afin de ne pas attendre d'un interlocuteur ce qu'il ne peut pas donner.

À CHAQUE MÉTIER SA FORME D'ESPRIT

Pour certaines professions il est sans inconvénient d'être « étroit ». Pour d'autres, il vaut sans doute mieux être « large » : metteur en scène, jardinier, chef d'entreprise... D'une façon générale, les « larges » sont certainement plus créateurs que les premiers. Le tempérament dit « artiste » exige d'avoir les coudées franches.
Existe-t-il un moyen de voir d'emblée à qui l'on a affaire ? Je vais vous indiquer ce qui ne peut être qu'un indice, mais il est assez révélateur. Le « large » aime plutôt ce qui est large. Le genre faussement négligé lui plaît. Son antagoniste aime bien les vêtements ajustés et boutonnés jusqu'en haut. Même dans leurs goûts les uns et les autres sont donc différents.
Les uns aimeront les interprétations libres et très personnelles : ce sont les « larges », tandis que les autres apprécieront les interprétations classiques parce qu'elles obéissent à des règles strictes. Les personnes qui raffolent des romantiques sont souvent des « larges ».
Imagine-t-on à quel point il est important de savoir si un jeune est plutôt l'un que l'autre avant qu'il se décider à choisir un métier ? Comment pourrait-on être heureux et réussir si l'on est tenu d'accomplir un travail de minutie et d'attention, alors que l'on aime les occupations qui laissent une certaine liberté de création ? Le lecteur sait désormais qu'il y a une cause de dissension dans la vie quotidienne et professionnelle. Faut-il

PAS DE SUPÉRIORITÉ, SEULEMENT DES DIFFÉRENCES

Le mieux est d'admettre qu'il n'y a aucune hiérarchie de valeur à établir entre les uns et les autres. Là comme ailleurs, il faut admettre les différences pour atténuer les incompréhensions.

Il va de soi que nous ne donnons pas à cette réalité plus d'importance qu'elle n'en a. La vie professionnelle sécrète elle-même bien d'autres sujets de frottements. Ils sont plus souvent dus aux incompréhensions résultant des caractères qu'aux difficultés surgies du travail lui-même.

donc s'efforcer d'être un peu procédurier si l'on est « large » et un peu plus « large » si on est amoureux des détails ? La réponse est contenue dans ce vers de La Fontaine, tiré de *L'Âne et le petit chien* : « Ne forçons point notre talent ; nous ne ferions rien avec grâce. »

Les appréciations hâtives

Tout le monde a été victime des jugements hâtifs et tout le monde en a prononcé.

Lorsque quelqu'un est en période d'essai, il se sent observé. Il y a donc de fortes chances pour qu'il affiche un comportement totalement contraire à sa vraie nature.

Les uns voudront paraître très dociles et soumis pour donner l'impression qu'ils seront disponibles et respectueux de la hiérarchie, s'ils ont cru comprendre que ce type de comportement est apprécié. Sachez bien que le sujet est peut-être un anarchiste ou un être volontaire et hardi qui a cru bon d'adopter cette attitude.

Il y a aussi ceux qui versent dans l'esbroufe et donnent l'impression d'être fougueux et énergiques. Ce sont peut-être des fanfarons gonflés de vent dont toute l'énergie est dans la voix. Ils ont quelque chance d'être tout de suite tenus pour des intrépides, même si ce ne sont que des matamores.

Personne ne peut savoir ce qui se passe dans le corps ou la tête d'un autre. Telle femme est toujours d'humeur sombre. Elle répond à peine à votre bonjour et semble plongée dans une morosité permanente. Vous n'êtes pas médisant, mais cette personne commence tout de même à vous porter sur les nerfs et vous dites un jour à celle qui lui parle le plus : « Mais qu'est-ce qu'elle a celle-là à faire toujours la g... ? » Vous apprenez alors qu'elle soigne courageusement de vieux parents invalides et qu'en outre son mari l'a quittée quelques années auparavant.

Un jour, en pleine conversation amicale avec plusieurs collègues, l'un d'entre eux vous quitte brusquement sans rien dire. Il est bizarre, avez-vous dit à un autre. Le lendemain, vous apprenez que votre fugueur est atteint d'une maladie dont l'un des symptômes consiste à avoir des envies incoercibles beaucoup plus urgentes à satisfaire que celles de l'amour.

Récemment vos collègues et vous commencez à vous demander jusqu'à quand il va falloir supporter la mauvaise humeur et les brusques colères du chef des ventes. Vous vous demandez s'il n'aurait pas besoin d'une quinzaine de piqûres d'eau bénite ou d'être traité par un prêtre exorciste. Parmi vos collègues, deux femmes préconisent la psychanalyse. Elles ont de bonnes adresses. Une autre connaît un homéopathe exceptionnel. Deux mois plus tard vous apprenez que le chef en question subit un traitement contre l'hypertension artérielle.

Mais il n'y a que de rares personnes qui comprennent le vrai motif de ces colères incompréhensibles. Récemment, vous n'arrêtiez pas de grogner contre une personne dont l'humeur variait d'une heure à l'autre et qui paraissait comme frappée d'une indicible mélancolie. Capricieuse, et parfois comme absente, vous avez osé lui dire : « Il va falloir vous secouer. » Elle vous a regardé sans paraître comprendre. Tout le service pense à la « déprime », comme on dit. Quelque temps plus tard, vous apprenez que la femme bizarre est en congé maladie pour une tumeur maligne... et tous les collègues de bureau reconnaissent enfin qu'ils auraient mieux fait d'essayer de comprendre ce qui se passait plutôt que d'attribuer des traits de caractère désagréables à quelqu'un qui était d'abord une victime.

Les exemples cités ne sont pas le fruit de l'imagination. Ils ont été vécus et toute personne en a connu de semblables.

Ne pas se fier aux apparences

Il y a aussi notre nature qui accepte mal les conduites qui nous déplaisent sans raison.

Vous remarquerez que les personnes taciturnes et peu liantes inspirent de la méfiance à celles qui racontent tout ce qui leur passe par la tête. L'homme ouvert et blagueur se demande si Untel, qui ne parle pas, n'est pas en train d'ourdir un complot contre lui. Même dans les enquêtes policières auprès de témoins, le simple fait d'être réservé et secret est un mauvais indice.

Ce genre de conclusion est hasardeux. Les escrocs sont souvent des gens cordiaux et apparemment spontanés, tandis que des personnages silencieux et froids peuvent être d'une loyauté à toute épreuve. Si vous avez un collaborateur qui ne sourit pas et ne se livre pas, n'allez pas en inférer qu'il mijote une cabale contre vous.

Méfiez-vous plutôt de ceux qui vous prodiguent force amabilités. Ne vous enthousiasmez pas pour ceux dont les manières ressemblent aux vôtres, vous risquez des déceptions. Au bureau, si l'un d'entre vous est vif et marche énergiquement, n'en déduisez pas trop vite qu'il est efficace.

Partager le pouvoir pour le garder

Qu'un collaborateur règle une affaire litigieuse d'une façon qui n'aurait pas du tout été la vôtre est sans importance. Si vous enfermez vos subordonnés dans des consignes trop étroites, ils n'auront jamais envie de prendre des responsabilités.

En laissant une marge de manœuvre à tous, vous aurez un personnel bien plus efficace. La délégation est un impératif absolu. L'employé qui est obligé de consulter son supérieur hiérarchique avant la décision la plus élémentaire finira par avoir peur de tout. Il va de soi que si l'employé se complaît dans le soutien permanent et n'aime pas endosser la moindre responsabilité, il devra accepter de rester subordonné jusqu'à la fin de sa carrière.

Il existe encore un autre motif d'incompréhension, lorsque celui qui détient une documentation ou des connaissances fait tout ce qu'il peut pour les garder, comme s'il s'agissait d'un savoir réservé à des initiés. Retenir les informations afin de passer pour l'homme providentiel à consulter en cas de difficultés a quelque chose de puéril.

C'est méconnaître une vérité vieille comme le monde : le pouvoir n'est légitime que dans la mesure où celui qui le détient travaille pour l'intérêt général et non pour lui-même. Hormis les secrets de fabrication, aucune information ne mérite d'être mise hermétiquement sous cloche, pour la simple raison que tout finit par se savoir – ne serait-ce que par les indiscrétions.

Dans les grandes sociétés, nationalisées ou non, le secret est soigneusement cultivé à tous les étages, mais si l'on veut bien réfléchir à l'intérêt que cette pratique apporte on comprend vite qu'il est nul, sauf s'il s'agit des grandes stratégies financières ou des sujets d'examens.

On trouve des champions du mystère dans les services du personnel maintenant dénommés relations ou ressources humaines. On y rencontre des gens qui ont réussi à se donner un petit air impénétrable. Ils détiennent des renseignements confidentiels, mais que n'importe quel délégué syndical connaît et qu'il ne manque pas de révéler à quelques compères. Ces gens des ressources humaines établissent des statistiques et calculent des pourcentages afin de mieux réfléchir sur la politique à suivre en matière de recrutement, de formation ou de promotion, mais rien de tout cela ne change grand-chose au fait que l'importance des diplômes et des relations restera déterminante pour la carrière, même s'il faut laisser croire au personnel que tout le monde a sa chance.

La critique des décisions

Les sujets d'incompréhension dans les entreprises n'ont pas tous été énoncés. Il en est un très banal qui consiste à ironiser ou à critiquer les décisions du responsable. Celles-ci peuvent surprendre ou irriter ceux qui n'ont aucune information à leur disposition.

La sagesse commanderait de se dire que le chef a des raisons de s'orienter vers cette voie. Mais, en France, le personnel est souvent goguenard et sceptique. Il se gausse facilement de tout ce que décident les autres et pense qu'à leur place il ferait mieux et que, d'ailleurs, le travail du voisin est beaucoup plus simple. Il paraît que le patron de certaines grandes industries japonaises est applaudi par les ouvriers lorsqu'il passe dans les ateliers. En France, il peut s'estimer heureux s'il ne reçoit pas un boulon sur le crâne, surtout en période de revendications.

Ce serait donc une bonne résolution à prendre d'essayer de comprendre les décisions que prend un directeur avant d'adopter l'air narquois ou entendu de celui à qui on ne raconte pas d'histoires. Bien des salariés seraient très embarrassés si on leur demandait quelles solutions ils préconisent, puisqu'ils rejettent celles qui leur sont imposées. Cette attitude à l'égard des responsables n'a d'égal que celles des collègues frustrés du matin au soir.

Il faut bien se résigner aux injustices apparentes et aux inégalités. Cette ignorance des difficultés du chef ou des compétences du collègue conduisent à des incompréhensions, elles-mêmes sources de malentendus et de souffrances.

Existe-t-il une solution ou au moins un palliatif à ce type d'incompréhension ? Certainement. Tout responsable a un devoir d'information à l'égard de ses subordonnés. Dans toute la mesure du possible, il a intérêt

SAURA-T-ON JAMAIS QUI EST LE MEILLEUR ?

Ce genre de situations fait penser à la doléance présentée au régisseur d'une parabole célèbre de l'Évangile (Matthieu 20, 1-16). Les ouvriers de la onzième heure avaient perçu autant que les autres bien qu'ayant travaillé beaucoup moins : « *Le soir venu, le maître de la vigne dit à son régisseur : "Rassemble les journaliers et tu les paieras, d'abord les derniers arrivés, puis les premiers." Ceux qui avaient pris le travail à la onzième heure s'avancent et reçoivent chacun un denier. Quand vient le tour des premiers, ils s'imaginent qu'ils vont recevoir davantage. Mais ils ne reçoivent eux aussi qu'un denier.* »

à expliquer son action et à montrer les problèmes auxquels il se heurte. Si vous pensez que rien n'empêchera jamais certains de critiquer les méthodes ou les résultats, je réponds que c'est probable, mais que le chef qui s'entoure d'un épais mystère et ne fait part à personne de ses intentions établit un fossé définitif entre lui et son personnel.

Soyez diplomate, soyez modeste, ne soyez pas original

Le fait d'occuper un poste de niveau similaire à celui de son voisin ne nous met pas à l'abri des malveillances de ce dernier. Osera-t-on dire qu'il y a au moins autant de souffrances dues à l'animosité des égaux entre eux que causées par le joug hiérarchique ? À quoi peut-on attribuer ce type d'incompréhensions entre gens qui se trouvent dans la même galère ? D'abord, à une raison vieille comme le monde : certains caractères sont incompatibles dans la vie commune ; c'est pourquoi les religieux ont beaucoup de mérite d'accepter une promiscuité qui n'a pas que des agréments.
Quant au genre intellectuel de certains hommes, soyez sûrs qu'il ne leur sera pas pardonné d'avoir trop d'idées ou de soucis vaguement philosophiques. La première raison c'est que celui qui ne ressemble pas au voisin agace toujours un peu. Il passe vite pour un original, un orgueilleux ou un raté. Il est bon d'avoir un type d'intelligence de niveau moyen ou banal si l'on ne veut pas susciter des plaisanteries acides ou même des inimitiés. On ne reconnaît pas à quelqu'un le droit d'avoir des goûts et un langage qui ne correspondent pas à sa fonction. Les supérieurs hiérarchiques se méfient quelque peu de ce genre d'individu, parce qu'ils le soupçonnent d'user trop souvent de leur esprit critique.
Entre femmes, les rapports ne sont pas toujours empreints de la plus douce aménité, encore que certaines d'entre elles savent être complices, surtout si l'une domine l'autre. En effet, parfois on observe une admiration affectueuse d'une femme à l'autre et l'on a envie de dire, comme la mère de Napoléon : « Pourvu qué ça doure » !
Mais l'incompréhension prend bien d'autres aspects. Les personnes jeunes commencent à trouver que le petit vieux qui s'occupe du courrier devrait prendre une retraite anticipée, mais lui n'arrête pas de dire que les jeunes ne savent pas travailler et que si l'on avait agi comme eux, jamais la société ne serait devenue ce qu'elle est.
Par ailleurs, telle jeune écologiste ne trouve pas de mots assez rosses pour parler d'une femme qui vient au bureau en manteau de fourrure. Cette dernière ne manque pas une occasion de dire que si la sauvageonne avait les moyens, elle ne tiendrait pas le même discours.

70

Le facteur d'incompréhension le plus grand : la politique

Chacun a pu constater qu'elle est le principal facteur de division dans les bureaux. Deux personnes que tout oppose politiquement ne se prêtent pas leurs journaux.

Tel monsieur sera parfois agacé de voir que certaines femmes sympathisent quand même avec tel autre, très éloigné de lui sur l'échiquier politique, parce qu'il est bel homme. Ce dernier se demandera comment certaines peuvent être attirées par le premier, qu'il qualifiera de « faux intellectuel ». Un autre estimera que X manque de maturité politique et que, pour génial qu'ait été Rousseau, il est un peu dépassé. Celui-là ne cessera de vitupérer contre les méfaits de l'industrie, mais lorsque son voisin lui demandera pourquoi il vient en voiture au bureau, l'atmosphère deviendra tout de suite électrique. Quand X défendra la religion, Y et Z trouveront toujours une petite anecdote de derrière les fagots pour se rire du clergé. Un dernier se trouvera isolé parce que dès qu'il parlera, on saura d'avance qu'il évoquera le souvenir des chouans et de Marie-Antoinette. Soyons sûr que ni les uns ni les autres ne connaissent grand-chose des convictions de chacun. Car tous ces partisans ont au moins un point commun : ils ignorent tout ou presque des idéologies qu'ils combattent. Comment pourrait-on s'entendre à partir d'une méconnaissance totale des croyances de chacun ?

Les affrontements ouverts ou l'hostilité feutrée dus aux divergences de choix politiques sont bien plus prononcés dans les grandes entreprises que dans les petites, peut-être en raison de l'action syndicale, même si la théorie veut que les syndicats n'aient rien à voir avec la politique. Cette situation ne préserve nullement des querelles le personnel des petites entreprises, puisque la nature humaine est la même partout.

Mais, dans ce cas, les questions d'antipathie et de sentiments jouent un plus grand rôle dans les rapports entre les salariés. Le fait que chacun connaisse bien la vie privée du voisin ouvre la porte à des indiscrétions pas toujours agréables – et ce surtout si l'entreprise est située dans une petite ville il est difficile de dissimuler quoi que ce soit. Si l'on ajoute à cela que bien des dirigeants pratiquent une sorte de paternalisme et croient utile de savoir la race de chien que possède le chef comptable, ou le type de voiture appartenant au directeur commercial, il est difficile de vouloir mettre un mur de béton entre la vie professionnelle et l'autre.

EN RÉSUMÉ

Petite liste des incompréhensions majeures...

● Les différences de comportement dues à l'origine sociale.

● Les différences de comportement dues à la formation intellectuelle antérieure.

● Le dénigrement du personnel subalterne contre les responsables hiérarchiques.

● L'indifférence ou le manque de clairvoyance des supérieurs à l'égard du personnel.

● Les divergences dans les goûts et les distractions.

● Les inévitables jalousies entre individus.

● Les sentiments de frustration de quelques-uns.

● Les approches différentes selon qu'on s'adapte aux procédures ou non.

● Les sentiments ou les préférences épidermiques.

● Les jugements hâtifs et inspirés par une observation fondée sur des apparences.

... et des moyens d'y remédier

● Essayer de comprendre que celui dont la famille avait plus d'argent que la nôtre n'est pas forcément plus méprisant ou plus égoïste que celui dont l'origine est plus modeste.

● Veiller à ne pas critiquer le caractère des chefs ni celui de nos collègues sans savoir pourquoi ils agissent comme ils le font.

● Ne pas s'en tenir à des impressions ou à des ragots si l'on a une responsabilité hiérarchique.

● Chaque membre du personnel est peut-être très différent de ce que l'on croit et de ce que l'on dit.

● S'efforcer de n'éprouver aucune envie à l'égard de celui ou de celle qui paraît bien en cour auprès du patron.

● Souffrir de la réussite du voisin ne rapportera jamais un franc à personne. Après tout, il se peut qu'il le mérite ; ou soyons cynique et disons qu'il connaîtra peut-être la disgrâce.

● Se garder de toute appréciation à l'emporte-pièce, surtout si nous sommes le responsable.

● Ne pas subir l'influence du qu'en-dira-t-on, car il se peut qu'une opinion largement répandue soit fausse, qu'elle soit favorable ou non.

● Accepter une bonne fois pour toutes que d'autres professent des opinions radicalement opposées aux nôtres.

La diversité des langues, des peuples et des religions

Les facteurs majeurs de l'incompréhension sont certainement le kaléido-scope que composent les peuples, avec leur multitude de langues, de reli-gions, d'origines, sans compter les fossés que creusent les différences de richesse.

L'obstacle du langage

REVENONS SUR TERRE

De doux rêveurs du XIXe siècle s'étaient dit qu'il n'y aurait sans doute plus de guerres si tout le monde parlait la même langue.
C'est ainsi qu'un Russe nommé Zamenhof créa vers 1887 une langue internationale, désignée sous le vocable d'espéranto. Ce mot est révéla-

---

LA TOUR DE BABEL

Zamenhof et Jean Schleyer avaient dû lire le récit concernant la tour de Babel et l'interpréter à leur façon. En hébreu, *bâbal* signifie confusion. Les descendants de Noé voulaient que le sommet atteignît et perçât la porte de Dieu, car *babel* a ce sens en akkadien. Mais ils durent abandonner leur tâche parce que Dieu détruisit leur communauté de langue, créant la plus grande confusion. Cet épisode est destiné à expliquer la diversité des peu-ples et des langues par le péché de démesure et d'orgueil. C'est pourquoi le Nouveau Testament parle du miracle des langues à la Pentecôte, qui sym-bolise la restauration de l'union et l'assemblée des nations, mais... au ciel.

73

teur de l'utopie de son créateur. C'est une langue très simplifiée et formée des racines communes aux langues les plus courantes. Ses adeptes sont encore nombreux et ils ont des idées parfois chimériques sur la nature humaine. Certains pratiquent même le nudisme pour en revenir à une sorte de pureté primitive.

Dix ans avant Zamenhof, un Allemand du nom de Jean Schleyer avait créé un idiome nommé Volapük dont les racines avaient été elles aussi empruntées au latin, à l'anglais, à l'allemand et à quelques langues romanes. En fait de langue internationale, l'initiative est plutôt ratée puisqu'elle ignore tout l'Orient.

Bien entendu, il ne reste pas grand-chose de ces théories.

LA CONNAISSANCE DES LANGUES : NÉCESSAIRE, MAIS NON SUFFISANTE

Il est évident que l'ignorance du langage d'autrui est un obstacle à la compréhension mutuelle. À cela, on pourrait ajouter deux vérités de simple bon sens. La première, c'est que personne ne peut se permettre d'apprendre toutes les langues du monde afin de mieux s'entendre avec ses prochains.

La deuxième, c'est que le fait de parler la même langue ne garantit pas du tout des relations fraternelles ou amicales. C'est une constatation que chacun peut faire tous les jours. Les personnes qui voyagent beaucoup savent bien qu'il est possible d'éprouver des sympathies pour des gens dont tout nous éloigne et de l'antipathie à l'égard de ceux qui nous sont proches. Nous dirons donc que l'obstacle de la langue est gênant pour les rapports commerciaux et qu'il faut bien s'exprimer dans la langue de l'acheteur si l'on est vendeur de quelque chose.

Par contre, il n'est peut-être pas nécessaire d'avoir une bonne connaissance de la langue de l'autre dans les relations affectives, sauf s'il y a échange de lettres – et l'usage du fax ne serait peut-être pas de très bon goût dans ces cas-là, même s'il est possible que les Américains en lancent la mode un jour. Les personnes très techniques et rationnelles peuvent toujours faire un graphique pour expliquer à l'élu(e) de leur cœur que leur sentiment va croissant, et même avancer un pourcentage significatif de progression. Il est probable que le système ne serait pas apprécié de tout le monde. Il reste les gestes, mais c'est encore un domaine où on ne peut pas aller bien loin à moins d'être d'une vulgarité sans pareille. L'usage d'un vocabulaire simple reste une solution si l'interlocuteur connaît quelques mots comme : « vous », « moi », « non ». On cite le cas d'une personne disant à un Américain : « *You* attendre *me* ? » Elle avait évidemment encore quelques progrès à faire et l'on ne sait pas si l'Américain attendit.

Il résulte de ces simples observations que le fameux obstacle de la langue n'en est pas un pour les affaires puisque ceux qui les font s'arrangent pour parler plus ou moins la langue du client ou au moins emmener avec eux quelqu'un qui la sait. Par ailleurs, le fait d'entretenir de bons rapports non pas d'un particulier à un autre, mais entre deux peuples n'a pas pour origine la connaissance de la langue de chacun.

LE COMMERCE, FACTEUR D'UNITÉ

Si désormais nous entretenons avec les Allemands – enfin ! – de bonnes relations, ce n'est pas parce que les Français ont appris leur langue. Les raisons en sont économiques.

L'exemple du Canada et de la France sont typiques. Nous faisons beaucoup moins d'affaires avec ce pays que nous ne devrions alors qu'il n'y a pas d'obstacle linguistique.

Il résulte de ces observations que l'incompréhension entre peuples n'a pas pour origine la diversité des langues. Mais un tempérament important doit tout de même être apporté à cette affirmation applicable, surtout pour les langues d'origine aryenne ou sanscrite si l'on veut.

La difficulté se corse lorsqu'il s'agit de langues lointaines pour nous, telles que celles de l'Extrême-Orient ou les langues sémitiques. Les gens qui font du commerce avec les habitants de ces régions utilisent généralement l'anglais, mais nous ne connaissons ni la littérature ni l'art de ces peuples. Le fait qu'il y ait quelques spécialistes de la Chine, du Japon ou de l'Arabie ne change rien à cette réalité.

ADAPTER SON LANGAGE À L'ÂGE
DE SES INTERLOCUTEURS

Il n'est pas oiseux de faire une distinction avec les langues étrangères. Savoir adapter son langage à la personnalité de l'interlocuteur est une des exigences de ceux qui veulent être compris. Le dialogue avec les enfants est un bon exemple. Il est évident que pour se faire comprendre d'eux il faut utiliser un langage adapté à l'esprit de leur âge, ce qui exclut d'emblée tout mot abstrait ou éloigné de la désignation des choses courantes. Pourtant, si l'on évite tout mot nouveau pour lui, on risque de ne pas le faire progresser, tant il est vrai qu'en matière de pédagogie la bonne voie se situe entre le double écueil du piétinement ou d'une progression trop rapide. Il en est de même à l'égard des adolescents, mais à leur stade il est très important de les encourager à enrichir leur vocabulaire sous peine d'en faire des adultes incapables de saisir une nuance, une ironie ou une... avanie.

LES JARGONS PROFESSIONNELS

Le cas des adultes est différent selon les circonstances dans lesquelles nous sommes. Il est toujours déraisonnable d'user d'un jargon professionnel si l'on s'adresse à quelqu'un qui n'est pas de la partie. Cette pratique est d'ailleurs courante et passablement agaçante pour les intéressés. Les administrations seraient avisées de s'en souvenir. Les médecins évitent soigneusement le vocabulaire médical devant leurs patients, encore qu'il serait parfois utile de rappeler que nous ne sommes pas en 1840 et que les patients ne sont plus analphabètes. Il est vrai que les personnes dites instruites sont presque toujours ignorantes de l'anatomie ou de la biologie humaines, mais la possession d'un langage riche contribue à deviner ce que le médecin explique. C'est pourquoi il est un devoir pour lui de ne pas calquer son langage sur celui du plus bas niveau, d'aider chacun à s'élever quelque peu.

Notre conclusion est simple : le langage est l'outil le plus perfectionné des moyens de communication, mais il doit être adapté à celui qui l'écoute.

Laissons à présent cette question pour parler d'un autre motif d'incompréhension largement connu et très controversé : la diversité des croyances.

L'obstacle de la religion

LES GUERRES DE RELIGION

Il s'agit là d'un domaine particulièrement délicat dont bien peu de personnes parlent avec sérénité. Observons d'abord que le simple fait de pratiquer la même religion ne préserve nullement des inimitiés et même des conflits. En France, nous en savons quelque chose depuis longtemps. Il suffit de prendre l'exemple de cette guerre civile qui déchira notre pays pendant des années à partir de 1793 pour être édifié sur ce point. Les gens qui se livrèrent à des massacres – et il y en eut dans les deux camps – avaient des siècles de pratique catholique derrière eux, et si l'on dit que les révolutionnaires étaient précisément des ennemis de la religion, nul ne peut oublier qu'ils appartenaient à une génération de baptisés. Il n'est d'ailleurs pas nécessaire de faire référence à des événements dramatiques pour faire la même constatation. Il y a des inimitiés très vives entre personnes qui pratiquent le même culte. C'est dire à quel point il ne faut pas s'en étonner lorsqu'il s'agit de religions différentes.

Tout le monde a en mémoire les tueries entre protestants et catholiques. Elles sont désormais inimaginables en France, mais bel et bien d'actualité entre Irlandais et Anglais. Au Proche-Orient, les déchirements entre la synagogue et la mosquée ne paraissent pas près de s'arranger et les orthodoxes grecs n'ont pas l'air de se réconcilier avec les gens de la Sublime Porte. En Russie, le clergé n'a aucune envie de voir s'implanter plus de prêtres romains et, en Iran, les chiites regardent les sunnites de travers. Mais s'agit-il vraiment de querelles d'origine religieuse ? Le saura-t-on un jour ?

Les intérêts commerciaux et politiques ne sont sûrement pas absents de ces conflits, surtout si des nations extérieures s'en mêlent. Mais, enfin, il est certain que l'attachement viscéral à des convictions religieuses exclut toute concession au moins dans ce domaine. En d'autres termes, est-il possible d'entretenir des relations cordiales avec un peuple dont on déteste la religion ?

INTOLÉRANCE, IGNORANCE

Vouloir être tolérant est certainement une intention louable, mais comment l'être si l'on est attaqué par des gens qui ne le sont pas du tout ? Il est notoire que le mot « tolérance » est employé par des êtres qui ne supportent pas une opinion différente de la leur.

Quant à ceux qui le sont vraiment, ils ne révèlent que leur absence de convictions. En l'an 2000, les chrétiens et les musulmans du Nigeria se sont livrés à des massacres. Il y eut plus de mille morts et tout invite à croire que les adeptes des deux religions aiguisent encore leurs couteaux et mettent des munitions de côté. Faut-il donc se résigner à une incompréhension définitive entre personnes de religions différentes ?

Si chacun reste chez soi et que telle ethnie ne pénètre pas de force sur

DE L'APOSTOLAT ET DU POUVOIR EN GÉNÉRAL

La question religieuse devient dramatique si l'un des deux camps cherche à répandre sa foi par la force et non plus par l'apostolat de la persuasion. Malheureusement, rien n'est simple parce que l'apostolat peut être interprété comme une violence par le camp adverse. Vous voyez : dès que l'on cherche à serrer la question de plus près on se heurte à des difficultés insurmontables.

En outre, si le pouvoir religieux est associé totalement à un pouvoir politique et que les deux ont conquis un territoire, il faudra bien que les personnes conquises se défendent ou se résignent à adopter la religion des conquérants ou au moins à ne plus la combattre. Le bon sens incite à conclure que la compréhension d'une religion autre que la nôtre ne peut être qu'intellectuelle et ne procurer qu'une satisfaction de curiosité, ce qui est assez mince.

Aujourd'hui, en Occident, il est possible de répondre à cette question en faisant remarquer que l'amoindrissement du sentiment religieux est tel que bien rares sont les personnes qui adoptent une position intraitable sur le sujet. Bien des gens se moquent éperdument des croyances de tel peuple, mais ce peuple n'a pas forcément le même état d'esprit.

Si de nos jours les protestants et les catholiques ne se massacrent plus en France, ce n'est pas parce que les pratiquants connaissent les dogmes et la doctrine de chaque religion, c'est simplement à cause du fléchissement – pour ne pas dire l'effondrement – des convictions.

votre propre territoire, il est sans doute possible de comprendre la religion des autres. Rien n'interdit de l'étudier et d'essayer de la connaître. Si un catholique fervent a envie de savoir quels sont les enseignements de la religion musulmane il peut se procurer le Coran et acheter les livres qui l'éclaireront. Si cette lecture le fait devenir encore plus catholique, l'islam ne subit aucun préjudice. L'idéal serait donc que le musulman convaincu ait envie de lire et de connaître l'Évangile.

Être tolérant est une intention des plus louables

LE DIALOGUE INTERRELIGIEUX

On peut aussi faire observer que les personnes très désireuses d'en savoir plus sur la religion des autres ne connaissent pas l'ABC de la leur, à supposer qu'elles en aient une. Le goût de l'exotisme y est certainement pour quelque chose.

C'est un peu comme le besoin de nos compatriotes désireux d'aller au Japon ou en Afrique australe, quand ils ignorent presque tout de leur propre pays. Reconnaissons tout de même que plus nous connaissons une autre religion que la nôtre, plus nous éloignons le risque d'un affrontement à ce sujet.

C'est probablement l'opinion du pape Jean-Paul II, qui déclara récemment au cours de son voyage en Égypte : « Je suis convaincu que l'avenir du monde dépend du dialogue interreligieux ». C'est après avoir entendu les propos du cheikh de l'université Sayed Tantami qu'il tint ce langage. Le plus cocasse, c'est que le patriarche grec orthodoxe d'Alexandrie – tout de même beaucoup plus près du pape que le cheikh du point de vue doctrinal – ne voulut pas se déranger. C'est donc que ce personnage chrétien ou bien n'est pas naïf et considère les démarches œcuméniques comme un mirage, ou bien est moins tolérant que le cheikh. Comment le savoir ?

Quant à André Chouraqui, écrivain juif traducteur de la Bible en français, il se déclara convaincu que « le vent du Sinaï porte une invitation insistante au dialogue entre les disciples des grandes religions monothéistes dans le service de la famille humaine ».

Malheureusement, c'est une invitation à laquelle le plus grand nombre des disciples n'a aucune envie de répondre. Il existe en effet des moyens détournés et sournois pour ridiculiser la religion des autres. Il suffit de recommander systématiquement pendant des générations une conduite condamnée par ladite religion et de combattre tout ce qu'elle prescrit – souvent au nom de la liberté d'expression.

Certains adeptes qui ne risquent rien excellent dans ces pratiques et ils ont obtenu des résultats spectaculaires puisqu'il n'y a aucune réaction contraire. D'autres fidèles ne veulent ou ne savent pas se livrer à de telles entreprises et se laissent gagner par des idées totalement opposées à leur religion. La tolérance ne vient d'ailleurs pas nécessairement de la connaissance.

LE PROSÉLYTISME

Mais le problème des affrontements entre religions différentes n'est pas définitivement réglé, puisque le propre d'une religion est d'être propagée.

Si elle ne l'est pas, elle finit par disparaître, et, si ses adeptes la répandent dans un pays où il en existe déjà une autre, les conflits surgissent. On voit d'emblée la difficulté d'avoir la conscience en paix si l'on prêche à la fois la loi d'amour et l'élimination de celui qui en prêche une autre.

L'incompréhension est-elle donc fatale et irrémédiable entre dévotions différentes ? Nous sommes enclin à répondre par l'affirmative, en faisant remarquer qu'au lieu de vouloir répandre une conviction hors des frontières il serait peut-être déjà bon de le faire à l'intérieur de son propre pays. Encore faut-il que le clergé ne tienne pas l'apostolat pour une tâche immorale. Ne souriez pas. Ce genre d'idée est à la mode, même si tout le monde accepte d'être harcelé de propositions commerciales plus ou moins extravagantes et de consommer des produits venus de partout. Dans tous les pays il y a des gens qui se démènent comme des forcenés pour placer leurs marchandises, mais sont choqués que d'autres aient envie de répandre des idées de fraternité. Sans prétendre avoir épuisé un sujet aussi vaste, et dont on parlera encore dans trois mille ans – sans avoir trouvé de solution –, parlons à présent d'autres sujets d'incompréhension entre les hommes.

L'obstacle des conflits entre peuples voisins

Il est entendu que les peuples européens se tiennent enfin tranquilles les uns à l'égard des autres. Peut-on imaginer une guerre entre la France et l'Italie à notre époque, ou entre les Belges et les Espagnols ? De toute façon, les nations qui se querellent sont voisines. Il y a peu de chances pour qu'un jour une guerre survienne entre la Hongrie et le Paraguay. Espérons donc que plus aucun conflit n'éclate en Europe. C'est un vœu que l'on ne peut pas exprimer à propos de tous les lieux de la terre puisque l'histoire quotidienne nous démontre le contraire. Essayons donc d'en découvrir les raisons.

LES QUERELLES ÉCONOMIQUES

Certains chercheurs – historiens ou non – ont estimé que les guerres n'avaient pas d'autre origine que la recherche des richesses, telles que les métaux, les céréales, le pétrole ou tout simplement l'eau. Pour simple qu'elle soit, cette réflexion est sage et juste, mais elle n'est vraie que si le détenteur de telle richesse nationale ne veut ou ne peut la vendre, ou si un autre préfère la conquérir plutôt que de l'acheter. Dans ce cas, la guerre est un cas particulier et dramatique d'incompréhension ou de convoitise.

Il y a eu bel et bien des conflits dont l'origine était moins la conquête de richesses ou de marchés que les haines idéologiques. On retrouve ici la volonté d'imposer à d'autres ses propres convictions, ce qui d'ailleurs n'est pas incompatible avec la conquête des richesses par la même occasion. On n'a pas souvent vu des gens vouloir répandre leurs idées sans en profiter pour se procurer des biens au prix le plus avantageux.

Mais pourquoi donc vouloir faire partager des convictions à des gens qui en ont déjà d'autres ou aucune et qui n'ont aucune envie d'en avoir ?

Si l'on ajoute à cela que si les peuples riches savent exploiter les richesses de ceux qui n'ont pas su le devenir, il n'y a aucune raison pour que l'entente entre eux baigne dans les délices. C'est l'éternel conflit entre celui qui possède une piscine dans sa résidence de campagne et celui qui voudrait au moins un vélo.

Il est de plus en plus difficile de faire admettre à ceux qui n'ont rien qu'il s'agit là d'une fatalité inéluctable. Certains n'ont pas hésité à le dire, mais les intéressés le croient de moins en moins. Il y a un siècle, les belles dames s'efforçaient de convaincre leurs bonnes à tout faire que leur état était dû à la volonté de Dieu. Les dames avaient peut-être raison, puisque tout vient de Dieu – si l'on y croit –, mais les serviteurs pouvaient penser que leurs revendications venaient aussi de Dieu.

Ces dissensions ont aussi d'autres origines, à commencer par celles dues aux contentieux historiques. Le vieil adage *nihil nove sub sole* est toujours vrai. Si les Grecs et les Turcs ne sont pas prêts à faire la paix à Chypre ou ailleurs, c'est que les haines sont réécrites régulièrement.

Puisque nous avons parlé des incompréhensions entre différents groupes d'individus placés sur un même territoire, il va être utile de parler des conflits vieux comme le monde : ceux entre les milieux sociaux.

RÉSUMÉ : LES CAUSES DE CONFLITS

- Querelles religieuses.
- Volonté de s'emparer de certaines richesses.
- Causes historiques.
- Antipathies épidermiques et irrationnelles.

L'incompréhension entre les classes sociales

Des montagnes de livres ont été écrites sur ce sujet. J'ai bien conscience de n'être pas original en me permettant d'en parler. Depuis le XIXᵉ siècle, cette question a soulevé de formidables passions, pas toujours très nobles, aussi bien du côté où l'on estimait qu'il n'y avait pas de problèmes sociaux que de celui où l'on faisait tout pour les amplifier.

La question des luttes sociales

GARDONS NOTRE SANG-FROID

C'est la question des luttes sociales qui soulève toujours des indignations plus ou moins pures. Il est en effet bien difficile de distinguer l'envie de l'esprit de justice et, de toute façon, les ennemis de ceux qui détiennent le pouvoir ne sont pas du tout intéressés de savoir s'il y a de l'envie ou pas, puisqu'il s'agit d'un concept moral. Pour certains révolutionnaires, les comportements sont subordonnés à une seule exigence : parvenir à ses fins sans s'embarrasser de considérations propres à la bourgeoisie. C'est pourquoi il y a toujours une grande naïveté à vouloir dialoguer loyalement avec des gens qui n'ont pas la même morale. Quand un révolutionnaire – ou prétendu tel, car le mot mériterait d'être défini – converse avec un adversaire son but est simple : l'amener à admettre ses arguments et rien d'autre.

Les enragés de tout bord ne discutent pas pour trouver, de concert avec leur interlocuteur, une solution à une question quelconque, mais pour enfoncer leurs convictions dans le crâne de l'autre. Les personnes modérées et pas subversives pour un sou échangent des paroles pour l'agrément intellectuel, ou dans le vague espoir d'amoindrir une passion. Dans ce cas, il faut être très naïf et bien peu au courant des procédés de la dialectique pour attribuer à l'autre le désir sincère de rechercher une vérité, puisqu'il croit dur comme fer qu'il la possède déjà.

C'est pourquoi bien des nantis bien élevés sont bernés régulièrement. Mais, comme toujours, les gens imprégnés d'idées bien carrées et fausses en ont quelques autres justes. Tout l'art de la perversion est là : mélanger le faux et le vrai et rendre la distinction difficile.

DES SOCIÉTÉS OCCIDENTALES PLUS ÉGALITAIRES ?

Il est certain, en effet, que l'avoir et le savoir doivent être partagés. S'ils le sont mieux maintenant en Europe, il n'en fut pas toujours ainsi et les revendications de toute une partie de familles modestes furent certainement légitimes. Le pourcentage de fils d'origine ouvrière ou artisanale accédant à l'enseignement supérieur est beaucoup plus élevé qu'il y a cinquante ans, mais encore insuffisant.

Mais le fait d'attribuer à l'envie le désir de posséder plus de biens et plus de connaissances ne grandit pas ceux qui colportent cette idée.

On ne pouvait tout de même pas attendre des gens dont les besoins fondamentaux n'étaient pas satisfaits une résignation *ad vitam aeternam*. Il va de soi que d'aucuns se sont attribué le mérite d'avoir obtenu ces améliorations, et on peut gloser à l'infini pour savoir si cela est vrai ou non.

Un certain nombre de personnes sont sûres que c'est grâce à l'action syndicale. Les dirigeants de ces organisations entretiennent pieusement cette certitude. Il en est d'autres dont la conviction est bien différente : ils estiment que la production de masse associée au développement du crédit ont permis à presque tout le monde d'acquérir des biens réservés autrefois à une phalange réduite de population.

Qui n'a pas remarqué la baisse constante des coûts de certains appareils ménagers, et de bien des commodités réservées à des gens très à l'aise autrefois comme, par exemple, les voitures ?

Mais si vous mettez face à face un syndicaliste et une personne qui par-

POUR UN DÉBAT NON PASSIONNEL

Il est presque impossible de parler avec quelqu'un d'une question quelconque sans qu'il introduise dans ses paroles des éléments sentimentaux et passionnels qui ne font pas avancer d'un pas la recherche d'une vérité. Quel progrès si les humains pouvaient enfin avoir la tête froide en toute discussion !

tage un point de vue différent, vous pouvez être sûr qu'au lieu de réfléchir posément ou essayer de recueillir des renseignements d'ordre économique, les deux têtes vont s'échauffer et les deux interlocuteurs finiront par élever la voix et se lancer des regards furibonds.

En tout cas, il est hors de doute que le niveau de vie général a beaucoup progressé depuis cinquante ans en France et dans toute l'Europe, mais tout le monde sait que les revendications ne cesseront jamais, pour au moins deux raisons : les chefs des organisations syndicales n'auraient plus de grain à moudre et les employeurs feront toujours ce qu'ils peuvent pour verser le moins d'argent possible à leur personnel.

Le couple terrible : employeurs et employés

La nature humaine des employeurs privés est exactement la même qu'il y a cinquante ou cent ans, tout au moins pour ce qui concerne leurs intérêts. Ils estiment souvent qu'ils ont le mérite d'avoir créé une société et de l'avoir développée, et donc d'avoir pris des risques. Les responsabilités qu'ils assument et les tracas qu'ils supportent justifient amplement, à leurs yeux, de larges avantages pécuniaires.

Pour sa part, le personnel estime que rien ne serait possible sans son concours et que le patron pourrait verser plus d'argent. Ce dialogue de sourds n'est pas près de finir. Si quelqu'un s'avisait de faire admettre qu'il y a une fatale convergence d'intérêts entre le manœuvre et le directeur-général, il n'aurait pas grande audience.

Les spécialistes des questions sociales, soit du côté patronal, soit de l'autre, ont quelque chose d'attendrissant parce qu'ils disposent de belles formules qui respirent la justice et la sagesse, mais les incompréhensions entre ceux qui dirigent et ceux qui avancent en marmonnant subsisteront jusqu'à la fin des temps.

L'association capital-travail est une formule qui a fait fortune et dont se gargarisent bien des gens qui n'aiment pas se fatiguer les méninges, mais tout le monde a du mal à en voir les effets. Les associations de type paritaire, telles que les ASSEDIC ou les organismes de Sécurité sociale, n'ont pas démontré que chaque délégué comprenait parfaitement les exigences de l'autre. Pour certains analystes, l'intérêt du système réside surtout dans le maintien des nombreuses sinécures dont profitent les deux camps.

Faut-il en conclure que les divergences d'intérêt sont irrémédiables et les incompréhensions fondamentales ? Disons simplement que les salariés comprennent très bien que les employeurs cherchent à préserver leurs intérêts et à accroître leur patrimoine et ces derniers n'ignorent pas que les salariés n'ont d'autre idée que d'amplifier le leur.

L'enrichissement suscitera toujours de l'incompréhension

La dernière trouvaille à la mode consiste à préconiser l'actionnariat d'entreprise, de sorte que les salariés puissent devenir propriétaires d'une partie des actifs de la société. C'est une bonne façon de les inciter à ne rien demander qui compromettrait la bonne marche de l'entreprise.

Mais les salariés sont-ils disposés à accepter les risques ? Il est très agréable d'imaginer que l'on puisse détenir des actions et d'avoir l'impression d'être admis dans le camp des financiers, mais il l'est moins de savoir que si leur valeur monte, elle peut aussi baisser.

De toute façon, rien n'empêche le citoyen le plus modeste d'acquérir des actions boursières avec l'espoir de les voir grimper. Mais est-il bien sûr qu'un artisan, un commerçant ou un salarié soit disposé à prendre le risque de perdre la moitié de son apport ?

D'ailleurs, on n'a jamais vu qui que ce soit s'enrichir en ayant comme but unique la sécurité. En disant cela, je veux simplement noter que l'enrichissement de quelques-uns – par chance, ou grâce à la compétence et au goût du risque – suscitera toujours une incompréhension amère auprès de ceux qui ont juste de quoi vivre et n'ont pas assez de cran pour jouer au poker. Le fait qu'il y ait maintenant moins de différence entre le niveau de vie d'un salarié moyen et celui d'un cadre qu'il y a deux générations n'a pas fait disparaître le besoin de réduire la disparité à presque rien.

L'argent n'est d'ailleurs pas l'unique objet des litiges. Il y a aussi les conditions de travail et celles-ci ne peuvent être connues que par ceux qui exercent telle ou telle fonction plus ou moins pénible. Il est difficile d'avoir une perception nette d'un ensemble de tâches quand on ne les assume pas, et comme le directeur d'usine ne peut pas se mettre à tous les postes de travail pour en connaître les contraintes, il aura tendance à croire que les jérémiades sont exagérées.

Les nantis et les autres

LES NANTIS SE DÉFENDENT

Mais l'incompréhension entre classes sociales n'est pas présente que dans le domaine du travail, qu'il s'agisse des entreprises ou des administrations. Elle est dans tous les lieux où les gens fortunés sont en rapport avec ceux qui ne le sont pas.

Les premiers usent d'un artifice courant et assez efficace pour au moins éviter l'hostilité ouverte. C'est une version économique du paternalisme et l'un des nombreux aspects de la démagogie, comme on dit en politique. Paraître simple et cordial est une méthode courante pour se faire pardonner le fait d'avoir de l'argent et essayer de faire croire que l'on n'en a pas beaucoup. Donner l'impression que l'on est un peu gêné est une vieille tactique des personnes dont la trésorerie est très à l'aise.

Un autre moyen pour apaiser la convoitise consiste à être simple et même cordial, car le caractère de nos contemporains est ainsi fait : il est sensible à l'effacement apparent des différences de niveau social. Ils oublient que les personnes nanties et chaleureuses peuvent très bien avoir un mépris royal pour ceux qui les servent ou les approchent, alors que d'autres plus froides et plus distantes n'en ont aucun.

L'homme important qui se met à côté de son chauffeur pour bien lui montrer qu'au fond il lui ressemble est un petit malin. Il sait que cette attitude plaira. L'industriel milliardaire qui est possesseur d'une puissante voiture dont il se sert pour aller en Suisse, mais qui vient à l'usine avec une cylindrée de « smicard » améliorée sait bien ce qu'il fait.

On peut tout de même observer que les hommes politiques qui ne connaissent pas les problèmes de fin de mois – quelle que soit leur idéologie – et font profession de beaucoup apprécier les personnes démunies se gardent bien de vivre avec elles. Les politiciens comprennent aisément leurs aspirations et leurs besoins et ne cessent de le dire. Mais quand ils ont compris, que se passe-t-il ? Rien de fâcheux pour eux. Il leur suffit de décider qu'un peu plus d'argent sera pris à d'autres, qui comprendront bien avoir été les dindons de la farce, une fois de plus.

Il serait bien surprenant que les nantis ne voient aucun inconvénient à se mêler aux autres. Leurs paroles de sollicitude n'ont d'autre but que de ne pas attiser les haines et de neutraliser les velléités de rébellion. Il en est même qui poussent la feinte jusqu'à défendre les points de vue les plus opposés à leurs convictions, et même à subventionner les organismes censés les combattre. C'est un moyen parmi d'autres pour être tranquille.

Le grand écrivain que fut Georges Bernanos en savait long sur la question, car il connut la « dèche » presque tout au long de sa vie : « L'argent est maître, soit. Cependant il n'a même pas de représentant attitré, comme une simple puissance de troisième ordre, il ne figure pas dans les cortèges en grand uniforme. Vous y voyez le Juge, en rouge et peau de lapin, le Militaire chamarré comme un Suisse de cathédrale, ce Suisse lui-même ouvrant la porte au Prélat violet, le Gendarme, le Préfet, l'Académicien qui lui ressemble, les Députés en habit noir. Vous n'y voyez pas le Riche – bien qu'il fasse les frais de la fête, et qu'il ait pourtant les moyens de mettre beaucoup de plumes à son chapeau. » (*Les Grands Cimetières sous la lune*). Cette ironie acide et à peine voilée met bien en relief la discrétion voulue par certaines personnes riches et puissantes. Leur volonté de rester dans l'ombre est une défense contre la convoitise. Il y a tout de même un brin de naïveté dans ce genre de tactiques faussement habiles.

QUAND LA RÉUSSITE EST LÉGITIME

Le plus triste est de voir l'incompréhension tourner à la haine. Les « vaincus » de la vie tiennent souvent les « faiseurs d'argent » pour des gredins, sans comprendre que certaines fortunes sont dues à une ou plusieurs idées très opportunes et adroites.

Il y a des êtres qui devinent ce qu'il faut faire pour faire fructifier un avoir, et d'autres qui ont créé un objet ou inventé un service qui répondent aux besoins de tout le monde. Quoi de plus simple que le *Post-it*, mais qui y pensait avant son créateur ? L'homme des crayons *Bic* est devenu milliardaire grâce à une idée élémentaire, et celui qui a pensé à faire livrer les pizzas à domicile n'a pas fini d'en tirer bénéfice.

Ce type d'aptitudes ne devrait pas susciter l'envie, mais plutôt libérer un aiguillon dans nos esprits pour nous inciter à trouver un petit quelque chose qui soit génial.

QUAND LA RICHESSE EST HÉRITÉE

Évidemment, le fait qu'il soit nécessaire d'avoir un talent ou une idée pour s'enrichir ne supprime pas une autre réalité : bien des fortunes appartiennent à des gens qui se sont contentés de faire gérer par des banques l'argent de leur famille.

Ils doivent cette situation à la chance, et à rien d'autre. Ils n'en ont pas toujours conscience et n'ont même pas l'idée de remercier le Ciel – mais peut-être estiment-ils que ce sont leurs mérites qui leur valent cette grâce temporelle. Incompréhension ? Absence de lucidité ? Il leur faut certainement davantage reconnaître la main du destin dans leurs héritages. On ne choisit hélas pas grand-chose ici-bas, à commencer par son époque, son pays, son nom, son milieu. Nos enfants, qu'ils soient très ou moyennement doués, n'auront pas le même sort que ceux du Bangladesh. Si on est nanti et que, d'aventure, on est au chômage, la vie ne sera pas la même que celle de bien d'autres qui perçoivent les mêmes allocations ; quand on se présentera devant un employeur, ce sera parfois un ami de la famille. Hélas, certaines personnes issues d'un milieu favorisé aiment beaucoup dire qu'elles sont parties de rien, en oubliant de préciser que le fait d'avoir des relations est déjà un atout précieux.

Quant à la présentation et à la confiance en soi, si appréciées des employeurs, comment ne seraient-elles pas meilleures si l'on sait pouvoir bénéficier de l'appui de ses parents en cas d'échec ? Les difficultés psychologiques qu'éprouvent les gens sans soutien sont presque toujours ignorées ou incomprises de ceux qui ont plus de chance. Parfois, on note la même incompréhension dans la classe dite moyenne vis-à-vis des classes de niveau moindre. Pourtant, le monsieur qui cotise à une caisse de cadres et qui est marié à une fonctionnaire est aussi éloigné des détenteurs de fortunes que les sont les plus pauvres d'entre nous.

L'obstacle de la politique

L'EXPLOITATION POLITIQUE DES INÉGALITÉS

L'incompréhension entre classes sociales est inévitable. Peut-on espérer qu'un jour qu'elle disparaîtra ? La résignation, ou l'acceptation des inégalités, considérées comme une décision divine, n'existent plus.

L'éternel conflit, ouvert ou larvé, entre nantis et démunis n'a pas encore trouvé sa solution, tandis que certains politiciens s'efforcent de laisser croire à ceux qui n'ont rien que leur calvaire va bientôt se terminer. Quant à celui qui tient le langage de l'acceptation, il est vite soupçonné de pactiser avec les puissants : en effet, il suffit bien souvent de dire qu'il y aura toujours des personnes beaucoup plus riches que d'autres pour être taxé de « complicité » avec les « exploiteurs ». Personnellement, je ne prêche pas la résignation devant les inégalités trop marquées. Je stigmatise l'hypocrisie qu'il y a souvent à dénoncer l'opulence lorsque l'on s'adresse à un auditoire non fortuné. Récemment, j'ai entendu un homme public dire à la radio, à une heure de grande écoute : « Il y en a qui ont trop et d'autres pas assez. » Ce sont là des propos qui plaisent à tous. Mais que dit leur auteur en présence des gens fortunés ? Je me suis permis d'écrire pour le lui demander. J'attends encore sa réponse.

LES SOLUTIONS

Mais comme il me faut être fidèle à mon souci d'essayer de trouver des solutions à l'incompréhension, cette fois entre riches et pauvres, je vais essayer. Un puissant n'a guère le souci d'être compris des pauvres. Il n'a que faire de cette préoccupation. Il préfère en être ignoré ou craint. Si le riche voulait être compris, c'est qu'il se sentirait dépendant. Comment cela serait-il possible ?
En revanche, il est possible de lui demander un minimum de respect. Mais que cela veut-il dire ? Il est probable que les grands chefs d'entreprise ou les millionnaires du spectacle n'ont pas du tout de mépris pour ceux qui exécutent des tâches ingrates et obscures. Il en est qui seraient indignés si on les en soupçonnait. Mais la distance est immense entre l'absence de mépris et la volonté de compréhension. Pour savoir ce qu'est la vie d'une personne non fortunée, il faudrait la partager, non pas quelques jours, mais au moins plusieurs mois. Simone Weil[1], la philosophe d'illustre mémoire, tint à partager la vie des ouvriers, plutôt que de s'attendrir sur leur sort. Cette âme supérieure ne supportait pas que l'on ne mît ses actes en conformité avec ses paroles.
Nous ne demandons pas à nos lecteurs de vivre dans un logement exigu et mal éclairé avec un père chômeur et un grand frère obligé d'arrêter ses études par manque d'argent. Manger des nouilles et des pommes de terre tout au long de l'année, ne pas pouvoir acheter des chaussures d'été, habiter au fond d'une banlieue, mettre une heure pour rejoindre son lieu de travail, souffrir d'un voisinage, ce n'est pas une situation exceptionnelle, même en France.
À qui fera-t-on croire que le propriétaire d'un appartement tranquille situé dans un quartier huppé pense fréquemment à ceux qui demandent à leur dentiste de ne pas mettre leur chèque de quatre cents francs avant la

---

1. Décédée en Grande-Bretagne en 1943.

fin du mois ? De toute façon, il ne suffit pas de comprendre la misère. L'important est d'en atténuer les effets par une générosité individuelle.

Attendre de personnes qui sollicitent un logement social depuis quatre ans, achètent une petite voiture qui sera presque *kaputt*, comme disent les Teutons, avant même d'avoir éteint complètement la dette, qu'elles comprennent les nantis a quelque chose de chimérique. Il faudrait avoir un caractère très élevé pour n'éprouver ni envie ni colère devant l'opulence et le gaspillage. Je crains hélas que l'incompréhension entre classes sociales ne soit pas près de cesser pour la bonne raison qu'elle est naturelle. Cette constatation n'a rien à voir avec un refus quelconque d'établir un peu plus de justice.

LE MOYEN DE LA VRAIE ÉGALITÉ :
PAUVRETÉ ET CHASTETÉ ?

Les seules personnes qui effacent leurs différences d'origine se trouvent dans les couvents. Là, tout le monde porte le même vêtement et consomme la même nourriture. Un dominicain issu de l'École normale supérieure ou de Polytechnique fait aussi la vaisselle et n'a pas plus de confort dans sa cellule qu'un autre. Si, en général, le public le reconnaît – même chez les anticléricaux –, personne n'a envie de les imiter ou de partager leur vie. Pourtant, chacun prononce toujours la même parole en passant devant leurs établissements : comme ils sont bien ici !

L'incompréhension entre les personnes qui ont de l'argent et celles qui n'en ont pas est vieille comme le monde, mais encore plus vive de nos jours, car l'argent est l'instrument principal de la puissance, avant les titres ou la notoriété. Personne ne résiste à ses attraits, même s'il est vrai que la cupidité est plus vive chez certains que chez d'autres.

IL N'Y A PAS QU'UNE FAÇON D'AIMER L'ARGENT

On peut en vouloir pour le plaisir de mener grand train ou pour celui de l'entasser. Comme il est dit dans l'Ancien Testament (Exode, 32), le veau d'or a des adorateurs, même s'il est certain que l'on n'est pas plus heureux en possédant soixante millions que trente. Mais il est encore plus sûr que l'on est très malheureux si l'on n'en a pas du tout, parce que l'on est méprisé de tout le monde, et souvent de ceux qui en ont à peine plus.

L'incompréhension entre métiers et professions

Penser que telle ou telle catégorie professionnelle possède plus d'avantages que la nôtre est une des opinions les plus répandues en France. Il suffit que les représentants d'un secteur apprennent qu'un autre a obtenu trente-quatre francs cinquante d'augmentation, ou que deux jours de congé supplémentaires ont été accordés aux mères célibataires, pour que tout le monde réclame l'équivalent. Tout ce qui est donné aux uns est une injustice à l'égard des autres.

Nous avons tous été témoins ou acteurs de ce genre de situation. Le statut de la fonction publique est particulièrement convoité en raison de la sécurité de l'emploi. Hélas, ceux qui regardent de travers les fonctionnaires oublient qu'il faut réussir à des concours difficiles et patienter pour les promotions.

Et qui les croit injustement comblés ? Tous ceux qui ne sont pas fonctionnaires. Si l'on commence par les agents des établissements publics, parfois désignés sous le nom de contractuels d'État, on observe qu'ils aimeraient bénéficier du même système de retraite que les fonctionnaires qui, eux-mêmes, ne cessent de se plaindre que certaines primes n'y soient pas intégrées. En revanche, ils ne sont pas soumis à la règle des cent soixante trimestres de travail pour bénéficier d'une retraite complète, tout comme les agents des transports publics ou ceux de l'EDF. Ils sont donc enviés, mais rétorquent en invoquant la dureté des horaires de nuit.

Les conducteurs-chauffeurs de la SNCF peuvent partir en retraite à cinquante ans et d'aucuns ne manquent de s'indigner qu'ils puissent avoir une nouvelle activité à partir du versement de leur pension. Le personnel qui enseigne dans les établissements publics n'est pas le dernier à se plaindre et il est très attentif aux avantages accordés à d'autres. Ces derniers, eux, ne cessent de critiquer la durée des vacances des enseignants, en oubliant que le nombre d'heures de cours doit au moins être multiplié par deux ou trois pour l'enseignement supérieur, si l'on veut avoir une idée exacte du nombre réel d'heures de travail.

Dans les professions libérales, il est rare de trouver quelqu'un qui ne voue pas aux gémonies les employés ou les dirigeants de la Sécurité sociale, sans parler du fait que tous se plaignent du mode de calcul de leurs retraites et de la lourdeur des charges pour les constituer : certains d'entre eux voient un peu les caisses de Sécurité sociale comme des ogres ou des boas dont la prospérité est fondée sur leurs versements. Mais les gens qui n'appartiennent pas aux professions libérales estiment que les revenus de celles-ci sont trop élevés. Les avocats n'auraient aucun mal à leur prouver le contraire, car beaucoup ne sont pas près de faire fortune. Les adeptes de ces critiques oublient que les « libéraux » ont un métier pour lequel il a fallu parfois un nombre affolant d'années de formation. Qu'importe : nombreux sont ceux qui continuent à penser que le montant de leurs honoraires est trop élevé. Pour les Français, tout le monde gagne trop, sauf soi-même.

Ce qui se médit : petit vademecum des plaintes

Il n'est pas inintéressant de connaître les états d'âme des exploitants agricoles. En rencontrer un satisfait de son sort est un privilège. Car leur colère est souvent grande comme quand, par exemple, ils ne vendent pas assez de choux-fleurs. Dans ce cas, le réflexe immédiat est de demander une aide de l'État. C'est un rite, prolongeant peut-être les jacqueries. Les agriculteurs veulent et reçoivent force subventions. Ce serait un beau tapage si un gouvernement s'avisait d'en refuser.

EN UN MOT

Si l'on cherche des gens contents de leur sort et qui se considèrent comme bénéficiaires d'un privilège quelconque, il faudra beaucoup de patience pour en trouver.

Si l'on est cynique, ou simplement réaliste, il est possible de résumer l'état d'esprit de nos compatriotes en quelques règles simples : le travail du voisin est plus facile, moins fatigant et mieux rémunéré que le mien et il l'est même un peu trop bien.

Nous exagérons à peine : tout le monde revendique quelque chose et se tient pour lésé par rapport aux autres.

Rien n'est plus curieux que de voir des millions de Français se réclamer de la liberté d'entreprise, donc vouloir moins d'État, et demander de l'aide à la première difficulté. Un jour viendra où les marchands de parapluies demanderont une subvention s'il fait beau trop longtemps, et où les vendeurs de crème solaire en exigeront une dès le premier jour du déluge. En somme, il n'est pas une branche professionnelle qui n'envie certains avantages d'une autre.

Excepté les professions libérales, toutes ont un point commun : elles reçoivent des subsides du gouvernement. Et cela ne concerne pas que les bénéficiaires du revenu minimum d'insertion : les chefs d'entreprise eux-mêmes réclament des baisses de charges pour pouvoir embaucher du personnel. Ces exonérations existent et sont au nombre de plusieurs centaines. La France serait-elle un pays d'assistés ?

Quantité de salariés veulent bien travailler moins longtemps à condition de ne pas gagner moins.

Les cadres acceptent de faire plus de trente-neuf heures, sous réserve d'un supplément d'argent et d'une liberté de manœuvre accrue. Les commerçants voudraient une caisse complémentaire de retraite – comme les artisans –, mais estiment dès maintenant que les cotisations seront trop élevées.

Les artisans demandent une réduction de TVA et les retraités s'estiment lésés depuis longtemps, puisque le montant des pensions est calculé sur les prix au lieu de l'être sur les salaires, alors qu'ils entendent bien rester des consommateurs.

Hélas, il faut s'habituer à ces récriminations, qui dureront jusqu'à la fin de nos jours, car on ne voit pas pourquoi nous changerions d'état d'esprit.

LES SEMPITERNELLES JALOUSIES

● « M. Dugom a eu sa situation grâce à ses parents et aux relations de sa femme. »

● « Isabelle du Manoir de la Pétaudière ne doit sa place qu'à ses charmes. Elle n'a même pas son bac. »

● « Si Ashchlumpf n'appartenait pas à une secte il n'aurait jamais pu avoir sa place. »

● « Quand Billembuis était au lycée, c'était un cancre et un fainéant ; on se demande comment il a pu réussir dans ce poste. »

● « Si Gontran du Fermoir du Monsac n'avait pas pu vendre les biens immobiliers que son oncle lui avait laissés, il n'aurait jamais pu être majoritaire dans sa société. »

● « Le spécialiste m'a examiné pendant vingt minutes seulement et m'a pris six cents francs. »

● « Vous avouerez que ces gens-là ont vite fait de gagner leur argent. »

● « À Air France le personnel voyage presque gratuitement. Je connais un employé d'aéroport qui est allé en Amérique du Sud et un autre qui va à la pêche au saumon en Irlande sur une autre compagnie qui donne des billets gratuits. »

● « Les gens qui travaillent dans les transports ont bien de la chance : ils ont du temps libre. Et si ils se lèvent à deux heures du matin pour prendre leur service, ils se couchent à sept heures du soir. Le nombre d'heures de sommeil après tout reste le même. »

● « Les journalistes disent n'importe quoi. »

● « Les fonctionnaires ont vraiment la belle vie : là où deux suffiraient ils sont sept. »

● « Un syndicat de fonctionnaires a déposé une motion au ministère pour se plaindre du manque d'effectifs. »

● « Des jeunes manifestent dans la rue pour réclamer le RMI dès l'âge de dix-huit ans parce qu'ils ne peuvent pas attendre d'en avoir vingt-cinq. »

● « Les personnes emprisonnées exigent désormais une piscine olympique dans chaque prison, et de pouvoir rencontrer leur femme en privé au moins une fois par semaine. »

Normal ou paranormal ?

Les phénomènes non naturels

Il n'y aura jamais d'approbation unanime devant ce type de phénomènes, ne serait-ce que parce que beaucoup de gens en nient tout simplement l'existence. Commençons par réfléchir sur les apparitions répertoriées par l'église catholique. Elles sont l'objet de brocards plus ou moins virulents de la part de tous les gens qui n'appartiennent pas à cette Église, y compris les luthériens et les calvinistes. Mais ce qu'ignorent les contempteurs de ces croyances c'est que l'Église ne fait pas de leur acceptation un article de foi. En d'autres termes, on peut être un catholique excellent sans y croire. Ici, la liberté d'adhésion est entière. Les détracteurs de ce type de croyances ne veulent pas en entendre parler pour plusieurs et diverses raisons.

La première c'est que la croyance aux apparitions est tellement éloignée de la raison et du sens commun que bien des gens ont presque honte d'accepter un phénomène extraordinaire. La deuxième a pour origine une vieille méfiance à l'égard des gens d'Église que certaines personnes accusent même d'imposture.

La troisième est due au refus de certains esprits très rationnels et attachés aux méthodes classiques de la science expérimentale. L'un des champions de cette lutte fut le savant biologiste Jean Rostand, dont les arguments contre l'occultisme avaient une grande pertinence. Mais il est bien dommage de confondre le goût de la magie et l'attachement à des fariboles avec des réalités dont les témoins ne peuvent être soupçonnés d'insincérité.

Nous reviendrons d'ailleurs sur le cas de ces fausses sciences dites occultes mais, pour l'instant, tenons-nous-en aux manifestations dénommées théophanies en évoquant le cas de quelques-unes d'entre elles, à commencer par les apparitions dites de Lourdes.

Un exemple illustre : Marie à Lourdes

Le 11 février 1858 une jeune fille très pauvre et très petite, Bernadette Soubirous, se dirigeait vers la roche dite de Massabielle pour prendre du bois mort. Elle était accompagnée de deux petites voisines. Arrivées à l'endroit où le canal et le gave – c'est-à-dire le cours d'eau – n'étaient plus séparés que par une barre de sable et de cailloux, elles voulurent aller voir où le canal finissait. Toutes trois arrivèrent en face de la grotte et aperçurent des petites branches qu'entraînait le courant. Les deux compagnes de Bernadette commencèrent à enlever leurs sabots et leurs bas pour traverser le canal. En se déchaussant, Bernadette entendit brusquement un coup de vent, mais ne vit aucun arbre bouger. Brusquement, un nouveau bruit lui fit lever la tête et regarder la grotte. C'est à ce moment qu'elle aperçut une jeune dame toute vêtue de blanc. L'enfant, un peu effrayée, essaya de faire le signe de croix – réflexe naturel pour une jeune fille de cette époque devant un fait insolite – et l'apparition, qui avait un chapelet à la main, fit de même. Après avoir égrené quelques grains, la « Dame » lui fit signe d'approcher, mais Bernadette n'osa pas et l'apparition disparut.

LA RUMEUR SE RÉPAND

Bernadette demanda à chacune de ses petites compagnes si elles avaient vu quelqu'un, mais non. Dès leur retour à la maison, sa maman lui interdit de retourner à la grotte, car elle craignait une sorte d'affabulation.

Quelques jours plus tard, la maman et quelques compagnes de Bernadette se dirigèrent vers la grotte – peut-être avec l'espoir naïf de voir l'apparition – et tout à coup la Dame apparut en souriant, mais seule-

UNE RAVISSANTE APPARITION

On sut plus tard que ce personnage était aussi de petite taille et paraissait sensiblement du même âge que Bernadette. Son visage était ravissant et son sourire ineffable. Elle avait une robe d'une blancheur immaculée et le long voile qui lui couvrait la tête descendait jusqu'aux pieds. Une rose jaune apparaissait sur chacun d'eux.

ment à Bernadette. Celle-ci était pâle et ses petites amies se demandè-
rent si elle n'allait pas se trouver mal. Dès le lendemain, les papotages
allaient bon train dans le village et quelques personnes se moquaient
déjà de Bernadette, d'autant plus facilement qu'elle était issue d'une
famille qui n'avait aucune audience auprès des notables.

Le jeudi matin suivant, maman Soubirous, accompagnée de deux voisines, se rendit à la grotte. Bernadette qui les avait précédées leur
annonça que la « Dame » était bien présente. C'est alors que celle-ci
s'adressa à l'enfant et lui dit : « Voulez-vous me faire la grâce de
venir ici pendant quinze jours ? » Puis, tout de suite après, elle
ajouta : « Je ne vous promets pas d'être heureuse en ce monde, mais
dans l'autre. »

PREMIÈRE ENQUÊTE, RÉACTION DES AUTORITÉS

Le dimanche 21 février, se trouvait à la grotte un médecin de Lourdes,
le docteur Dozous – d'esprit rationnel et même rationaliste. Il avait bien
l'intention de faire comprendre à tous ces illettrés que la petite était victime d'une sorte d'hallucination. Sans doute pensait-il que Bernadette
était un peu dérangée. C'est le genre de fausse explication que d'aucuns
aiment bien invoquer dans ce genre de situations. Pourtant, dès qu'il vit
Bernadette en extase, il eut vraiment l'impression que le phénomène
échappait à son raisonnement. Quelques jours plus tard, la petite
retourna au rocher Massabielle et retrouva l'apparition qu'elle aimait
tant.

Ce fut ce jour-là que la Sainte Vierge lui confia trois secrets que la petite
gardera jusqu'à la mort, mais l'enfant ne savait pas encore identifier
l'apparition. Nous étions maintenant à la huitième apparition – précision
qui a son importance lorsque nous parlerons du nombre d'apparitions
dans cette affaire et dans d'autres.

Le curé du lieu ne croyait pas un iota de ce que disait Bernadette. Il fut
pourtant sérieusement ébranlé lorsque celle-ci lui dit que l'apparition
s'était présentée comme l'Immaculée Conception. Cette expression sur
les lèvres de Bernadette ne pouvait que susciter une interrogation dans
l'esprit du curé. Elle n'aurait en effet pas pu l'inventer puisqu'elle
n'avait pas connaissance de cette définition établie quatre ans plus tôt
par le pape Pie IX.

À la dix-septième apparition, qui eut lieu le 7 avril, un étrange phénomène se produisit : l'enfant étant en extase devant la vision, tenant un
cierge allumé dans la main droite, et ayant rapproché les mains, la
flamme du cierge lui passa sous la main gauche. Les assistants voulurent
se précipiter vers Bernadette, mais le docteur Dozous les en empêcha.

Pendant au moins quinze minutes, la flamme atteignit l'enfant sans que celle-ci parût ressentir quoi que ce soit. Le docteur constata qu'aucune trace de brûlure ne se trouvait sur la main.

Le 16 juillet, Bernadette et sa tante allèrent de nouveau à Massabielle, mais une palissade isolait la grotte. Le pouvoir civil de l'époque – nous étions sous le Second Empire – avait fait isoler le lieu. Soudain, l'enfant aperçut sa Dame et s'écria : « La voilà, elle nous sourit. » C'était la dix-huitième fois qu'elle devait la voir, et la dernière.

LE RALLIEMENT DES INCROYANTS

Le lecteur qui connaît maintenant l'essentiel de cette histoire peut se rendre compte de l'incompréhension des personnages qui entouraient Bernadette, à commencer par ses parents et le curé Peyramal de Lourdes.

Le plus étrange réside au contraire dans la bienveillante compréhension des notables mécréants, notamment le docteur Dozous et monsieur Estrade. C'est le mystère de Dieu.

Mais nous voudrions surtout susciter une interrogation, tout au moins dans l'esprit des personnes de bonne volonté et de ceux qui n'ont pas d'aversion à l'endroit de ce qui est catholique. Est-il raisonnable d'imaginer que Bernadette, jeune fille illettrée de quatorze ans, ait menti pendant des mois et des années simplement pour se rendre intéressante ? Comment expliquer que les sévères censeurs de la police n'aient jamais pu la trouver en défaut dans ses explications ? Comment aurait-elle pu accepter ses souffrances, plus tard à Nevers, si elle n'avait pas été soutenue par le souvenir d'un insigne privilège ? N'y a-t-il donc pas chez les sceptiques ou les railleurs une incompréhension fondée d'abord sur l'ignorance et la mauvaise foi ? Il est donc utile de vous raconter une autre affaire de même nature et qui eut aussi un grand retentissement, et qui fut d'autant plus extraordinaire qu'il y eut un grand nombre de témoins.

Autre affaire : l'apparition de Fatima

PREMIÈRES APPARITIONS

À Fatima, au Portugal, vivaient un trio d'enfants inséparables : Lucie, Jacinto et Francisco. Ces deux derniers étant cousins de Lucie – qui vit toujours en l'an 2001 à Rome.

Un jour de promenade, les trois enfants virent une forme humaine s'avancer vers eux, près d'un hameau dénommé Cova da Iria. C'était un adolescent d'environ quinze ans, d'une grande beauté, qui leur dit : « N'ayez pas peur, je suis l'ange de la paix. Priez avec moi. »

Un après-midi, il revint et leur dit : « Acceptez et supportez les souffrances que le Seigneur vous enverra. » Le dimanche 13 mai 1917, le trio d'enfants se dirigea vers Cova da Iria pour rejoindre le troupeau dont il avait la garde. Tout à coup une lueur les fit tressaillir et une lumière éblouissante les enveloppa. Tous trois regardèrent vers un chêne vert d'où semblait partir la clarté ; c'est alors qu'ils aperçurent une jeune fille, qui leur dit : « N'ayez pas peur » (comme pour les rassurer d'abord).

L'apparition était elle aussi vêtue de blanc. Ses mains étaient jointes devant la poitrine. À son bras droit pendait un chapelet. Lucie demanda : « D'où êtes-vous ? »

— « Je suis du Ciel, répondit l'apparition, qui poursuivit : « Je viens vous demander de vous trouver ici six fois de suite, à cette même heure, le 13 de chaque mois. En octobre je vous dirai qui je suis. » Et l'apparition s'éloigna vers l'est. Le tout avait duré une dizaine de minutes. Les enfants avaient vu la jeune fille, mais Francisco n'avait pas entendu les réponses aux questions de sa cousine.

NOUVELLES APPARITIONS

Jacinto s'empressa de raconter à sa mère ce qu'il avait vu, mais celle-ci ne le crut pas, pas plus que la mère de Lucie n'admit ce que relatait sa fille.

Pourtant, le 13 juin 1917, donc un mois après la première apparition, toute la famille ainsi que quelques dizaines de personnes allèrent à Cova da Iria à l'heure fixée. Tout à coup, Lucie s'écria : « La Dame arrive ! » Elle était là, en effet. Lucie lui demanda de guérir un malade et de l'emmener, ainsi que ses cousins, au Paradis. L'apparition répondit : « Je viendrai prendre Jacinto et Francisco mais toi, tu dois rester plus longtemps dans le monde. Jésus veut établir dans le monde la dévotion à mon Cœur immaculé. »

Mais la vie devint de plus en plus pénible pour Lucie, que sa mère ne cessait de battre en la traitant de menteuse.

Bientôt, le 13 juillet arriva. Plus de 4 000 personnes se rassemblèrent au lieu de l'apparition. Lucie interrogea l'apparition, fidèle au rendez-vous fixée. La Dame répéta l'exigence du chapelet afin d'obtenir la fin de la guerre et annonça qu'elle ferait un grand miracle en octobre. Au moment où la Dame écarta les mains, les trois enfants aperçurent une sorte de mer de feu dans laquelle s'agitaient des monstres et des formes humaines hurlant de douleur. « Si l'on fait ce que je dirai, dit la Dame, beaucoup d'âmes seront sauvées et l'on aura la paix. Si on écoute mes demandes, la Russie se convertira, sinon elle répandra ses erreurs, provoquant des guerres et des persécutions... Plusieurs nations seront anéanties... Mais enfin mon Cœur Immaculé triomphera. »

Et, un certain 19 août de la même année, tandis que les trois enfants gardaient leurs brebis en un lieu appelé Valinhos, la Vierge leur apparut soudain. Elle leur promit un grand miracle et la présence de saint Joseph et de l'Enfant Jésus. L'émoi de la population, qui maintenant était au courant de toute l'histoire, était énorme. Les gens vinrent de loin pour être présents à la Cova da Iria ; et l'épreuve fut dure, car la pluie tombait dru. Tous les témoins ont dit qu'au moins 50 000 à 70 000 personnes étaient présentes. Parmi elles, se trouvaient de nombreux goguenards et surtout des curieux, désirant plus ou moins bénéficier de la vision.

Les enfants – surtout Lucie – étaient très inquiets, car si la Dame ne venait pas tout le monde se moquerait d'eux ou même pourrait les rudoyer. Maria-Rosa, la mère de Lucie, était elle aussi très tourmentée à la pensée que sa famille pouvait être ridiculisée à jamais.

LE SOLEIL DANSE DANS LE CIEL

Mais voici qu'à midi précis, Lucie s'écria : « La voilà, la voilà ! » Elle posa la question : « Qui êtes-vous, madame ? Que voulez-vous de moi ? »

— « Je suis Notre-Dame du Rosaire. Je désire une chapelle ici. » À ce moment, les enfants virent, comme l'Apparition l'avait promis, saint Joseph avec l'Enfant Jésus. Et tout à coup, se produisit un phénomène atmosphérique : la pluie s'arrêta et le soleil apparut. Soudain, celui-ci s'anima : après des oscillations brusques, il se mit à tourner sur lui-même en projetant des rayons aux couleurs de l'arc en ciel. La foule immense fut effrayée, car le disque solaire semblait descendre par saccades tout en continuant à tourner. Le prodige dura dix longues minutes. On sut plus tard que des personnes se trouvant à plusieurs kilomètres de là furent témoins de ce même phénomène extraordinaire. C'était le 13 octobre 1917.

D'autres phénomènes

Mais il n'y a pas que ce type de phénomènes... Dans l'un de ses articles, feu Louis Pauwels, ancien directeur du *Figaro Magazine*, relata l'une de ses angoisses nocturnes au cours de laquelle il crut entendre distinctement un appel de son fils François, qui se trouvait géographiquement très éloigné de lui. Le lendemain, Louis Pauwels apprit qu'à ce même moment son fils avait échappé à un grave danger. Coïncidence, diront les esprits forts. Cela est possible, peut-on répondre. Mais comment expliquer que de tels phénomènes aient été vécus par des quantités d'autres personnes ?

Nous avons tous connu des rêves prémonitoires, sans être voyant ou extralucide pour cela. Pourquoi donc ne pas admettre, ou au moins envisager, que si le cerveau humain émet des ondes – comme le prouvent les graphiques de l'électroencéphalogramme –, il puisse aussi en recevoir ? En m'adressant au lecteur de bonne foi, et aussi de bon sens, je pose la question : ne vous est-il jamais arrivé de ressentir une anxiété et un malaise indéfinissable quelques heures ou quelques jours avant d'apprendre une mauvaise nouvelle ?

Qui n'a jamais éprouvé une bizarre inquiétude à tel ou tel moment, avant d'apprendre un peu plus tard qu'à cet instant précis quelqu'un cherchait à lui nuire, ou que l'un de ses proches était en difficulté ? Il est d'ailleurs possible que ce genre de perceptions ne soient ressenties que par un certain type d'individus particulièrement réceptifs qui ont le plus grand mal à convaincre les autres de la réalité de ces phénomènes.

Mais n'est-il pas déraisonnable de nier l'existence de ce que l'on ignore ? Faut-il faire remarquer que ce genre de remarques n'a rien de commun avec ce que les philosophes désignent sous le nom de pensée magique ? Il n'est pas moins insensé de voir dans ces anxiétés une sorte d'auto-suggestion plus ou moins névrotique. Après tout, les personnes anxieuses ont peut-être plus d'intuition que d'autres. L'une des quatre fonctions de l'homme – après la respiration, la circulation et la digestion – est la vie de relation, commandée par le fonctionnement de l'ensemble du système nerveux. N'y a-t-il pas des fonctions encore inconnues et non scientifiquement démontrées ?

Par ailleurs, l'intuition existe même dans les démarches propres à l'investigation scientifique, et tout ce qui existe n'est pas mesurable. Les phénomènes non perceptibles par les appareils de mesure ont toujours suscité des railleries de la part des hommes de science, et il est bien vrai que les esprits dépourvus de connaissances sont perméables à toutes les formes de crédulité.

Il est tout de même permis de faire remarquer que des phénomènes tels que la télépathie ou l'hypnose passaient pour d'aimables coquecigrues il y a cinquante ans, surtout dans les milieux médicaux et scientifiques. Mais l'hypnose est une méthode utilisée désormais dans certains hôpitaux et le sommeil peut être obtenu par suggestion. Quant à la télépathie, quelle personne de bon sens peut en nier l'existence, après les innombrables expériences de chacun en la matière ? Il en est de même pour ce que les médecins désignent sous le nom d'effet placebo. Admettre son existence, c'est reconnaître la force du psychisme dont les scientifiques se gaussaient il y a encore bien peu de temps.

L'astrologie : l'incompréhension entre les « rationnels » et les autres

S'il est un domaine qui suscite des controverses, c'est bien celui-là. L'incompréhension entre les personnes de formation scientifique et les adeptes de l'astrologie est certainement irrémédiable.

Un court historique

Il semble bien que les premiers à savoir observer les phénomènes du ciel furent les Sumériens. C'était un peuple non sémitique installé sur la fameuse plaine située entre le Tigre et l'Euphrate et qui coïncide à peu près avec le territoire de l'Irak actuel, c'est-à-dire l'ancienne Chaldée. Les spécialistes s'accordent à considérer la civilisation sumérienne comme de haut niveau et elle n'a rien à envier à celle des anciens Grecs.

Cette affirmation emporte au moins une première réflexion de bon sens : des gens intelligents et pourvus de beaucoup de connaissances croyaient à l'influence des astres. Pour eux, le mouvement des planètes et l'aspect du Soleil étaient déjà autant de signes que les dieux leur envoyaient pour les avertir de tel ou tel événement. Les historiens ont la preuve que Babylone connaissait la pratique des horoscopes individuels.

Cette astrologie finit par atteindre la Grèce qui, bien entendu, l'enrichit grâce à l'intelligence de ses penseurs, tel Hipparque (128 av. J.-C.), le découvreur du mouvement de précession des équinoxes. Ce phénomène n'est pas une calembredaine. Il est bien connu des astronomes.

Mais qu'est-ce au juste ? C'est tout simplement la variation annuelle dans la position de la ligne d'intersection du plan de l'écliptique et du plan de l'équateur. Si cette expression est pour vous de l'hébreu, je vais vous dire ce qu'est l'écliptique : c'est tout simplement la circonférence du grand cercle que semble décrire le Soleil sur la sphère céleste. Le plan de l'écliptique forme avec le plan de l'équateur céleste un angle de 23°. C'est l'intersection de ces deux plans qui détermine la ligne des équinoxes, alors que ce sont les extrémités du diamètre de l'écliptique perpendiculaire au diamètre équinoxial qui sont les solstices. Ainsi donc, la sphère céleste paraît tourner lentement autour de l'axe de l'écliptique dans le sens ouest-est, ce qui prouve que l'axe de l'équateur terrestre exécute un mouvement autour de l'axe de l'écliptique dans la direction contraire – et c'est pourquoi les équinoxes reviennent avant que le Soleil ait fait le tour entier de la sphère céleste. Disons en passant – car cela est important pour les réflexions qui suivront – que le lien du Soleil par rapport aux constellations zodiacales aux diverses saisons de l'année se modifie lentement, mais sûrement, et c'est pourquoi l'usage des signes du zodiaque finira par être abandonné tout au moins par ceux qui voudront bien conformer leurs raisonnements aux faits.

La cause de la précession des équinoxes vient du fait que la Terre est loin d'être sphérique. Les astrologues de jadis connaissaient presque toutes ces réalités et le Grec Hipparque, deux siècles avant Jésus-Christ, utilisait les calculs trigonométriques pour établir les cartes du ciel astrologique.

Cette époque marque un tournant pour ce type d'études car, en Méso-potamie, les dieux n'étaient pas logés dans les planètes. C'est un élève du philosophe Platon qui attribua aux planètes des noms de divinités. Les symboles encore utilisés de nos jours pour les désigner sont formés à l'aide de la première lettre grecque desdites divinités.

Plus tard, à l'époque romaine, l'astrologie fut l'objet de vigoureuses contestations. Ce fait ne manque pas de saveur, car les gens de cette épo-que – à commencer par les empereurs – avaient d'autres croyances, consi-dérées comme plus ou moins ridicules. Mais, peu à peu, les Romains en vinrent à croire à la valeur prédictive de l'astrologie sans aucunement s'intéresser à l'influence possible des astres sur les caractères.

À présent, faisons un saut à travers les siècles et demandons-nous ce qui se passait en France à ce sujet. Disons tout de suite qu'au Moyen Âge, les rois s'assuraient le concours d'astrologues, malgré les interdits de l'Église. Celle-ci condamne en effet la pratique des arts divinatoires pour une raison simple à comprendre : elle est un péché contre l'espé-rance et donc la foi. C'est sous la Renaissance que l'astrologie dite savante connut en quelque sorte son apogée, mais le rationalisme nais-sant de l'époque dite des Lumières s'empressa de tordre le cou à l'astrologie. Depuis, l'opposition des hommes de science est virulente et paraît irrémédiable.

Sur quoi l'astrologie est-elle fondée ?

Quels sont donc les arguments invoqués par les astrologues en faveur de leur technique ? Donnons tout d'abord quelques brèves indications sur les éléments à partir desquels ils fondent leurs interprétations. Il est convenu d'attribuer une sorte de fonction aux maisons astrologiques. Celles-ci sont :

  1 - la personnalité ;
  2 - les acquisitions ;
  3 - la vie de l'intelligence et les relations avec l'extérieur ;
  4 - la famille ;
  5 - les plaisirs, la création ;
  6 - le travail et la santé ;
  7 - les associations, ruptures ;
  8 - les crises, les transformations ;
  9 - le lointain, la spiritualité ;
10 - la carrière et les honneurs ;
11 - les affinités, les amis, les projets ;
12 - les épreuves, le secret, le subconscient.

Ce tableau figure dans le livre de Suzel Fuzeau-Bresch[1]. Il ne laisse pas de susciter quelques interrogations car on voit mal les liens possibles entre « le lointain et la spiritualité » ou entre les épreuves et le secret. Mais que désigne-t-on sous le nom de « maison » en astrologie ? Dans le cadre de la sphère locale, le ciel s'ordonne en fonction de deux plans essentiels : le plan horizon, le plan méridien. Ils orientent les quatre phases de la journée en formant quatre secteurs principaux divisés en trois secteurs qui délimitent les douze maisons astrologiques qui sont les zones d'influence dont la détermination est indispensable à l'interprétation d'un thème de nativité. Mais qu'est-ce qu'un thème ? C'est la position où se trouvent les astres au moment de la naissance de quelqu'un et par rapport au lieu où il est né, position de laquelle les astrologues tirent l'horoscope. Mais poursuivons notre survol en reprenant les éléments dont se servent les astrologues : viennent maintenant les dominantes d'un thème astral. Ce sont les planètes angulaires. Si le thème n'en possède pas, la dominante résulte du signe le plus chargé d'éléments astraux ou des planètes en conjonction avec le Soleil ou la Lune. Le principe essentiel est le suivant : chaque planète représente une qualité qui s'exprime dans le signe où elle se trouve et dans le domaine indiqué par la « maison » concernée. Il convient en outre d'examiner ce que les astrologues

---

1. Suzel Fuzeau-Bresch, *Pour l'astrologie*, éditions Albin Michel, Paris 1996.

désignent sous le nom d'aspects. En astrologie, l'aspect c'est la situation respective des astres, par rapport à leur influence sur la destinée des hommes. Il en existe d'harmoniques : 60° ou 120° et de discordants, tels que 90° ou 180° ; mais la qualification de bénéfique ou maléfique tend à disparaître – paraît-il – pour les astrologues à la page.

Je donne d'abord ces renseignements de base dans le souci d'éclairer quelque peu le lecteur désireux de s'initier à cette technique, mais aussi pour rester fidèle à ce principe dont je parle en chacun de mes ouvrages et qui consiste à ne jamais émettre une opinion sur une question dont j'ignore tout. Passons donc en revue les arguments en faveur de l'astrologie et développés par les représentants les plus marquants de cette spécialité.

Certains voient dans les horoscopes, c'est-à-dire l'image de l'état du ciel à la naissance construit à partir de réalités astronomiques, une sorte de support de voyance. D'autres ont tenté de recourir aux méthodes statistiques pour tenter d'établir une corrélation entre la configuration des astres et les événements qui touchent les humains. Il existe même une association dont l'objet est d'approfondir la méthode statistique. Quelques astrologues paraissent attribuer un caractère symbolique fondamental et intrinsèque à leurs techniques, mais cette approche est condamnée par d'autres. Enfin, certains praticiens désireux de donner une coloration techno-scientifique à leurs études ont recours à l'informatique. Il existe des logiciels d'astrologie et des services Minitel fournissent des banques de données remises régulièrement à jour.

Parlons maintenant des détracteurs de l'astrologie. Presque toujours, ils ont une formation scientifique, ce qui devrait être de nature à ébranler les dévots.

Un argument scientifique contre l'astrologie

Il existe des universitaires et des astronomes qui, intrigués par l'astrologie, tentent de l'étudier, notamment par l'étude du magnétisme. L'un de ces professeurs éminents – qui est physiologiste – n'exclut pas la possibilité d'une action planétaire à la naissance. Un autre donne un argument qui pourrait être celui du bon sens : si toutes les civilisations depuis l'Antiquité ont établi des rapports entre les astres et les activités humaines, comment pourrait-on nier au nom d'un rationalisme scientifique cette éventuelle influence ? Mais l'ensemble de la communauté scientifique est violemment hostile. Souvent, la discussion entre astrologues et hommes de science tourne court très vite.

L'un des grands arguments contre l'astrologie concerne le Zodiaque – en grec ancien, le mot signifie « être vivant », « figure ». Rappelons qu'il désigne la zone de la sphère céleste limitée par deux petits cercles parallèles à l'écliptique et situés à 8°5 de lui. Cette zone est parcourue par le Soleil, la Lune et les planètes visibles à l'œil nu dans leur mouvement apparent. Cette zone est divisée en douze parties égales par des grands cercles perpendiculaires à l'écliptique, qui sont nommés d'après les constellations les plus proches.

Les scientifiques disent que le zodiaque des astrologues n'est pas celui des constellations et n'est pas affecté par le phénomène de précession des équinoxes : le zodiaque tropique commence au point vernal. Arrêtons-nous un instant sur ce mot : car comment comprendre les choses si l'on ne définit pas d'abord les mots qui les désignent ? « Vernal » vient du latin *vernalis*, qui signifie « printanier ». Le point vernal, c'est l'équinoxe de printemps, lequel correspond aux deux intersections de l'équateur et de l'écliptique, c'est-à-dire au passage du Soleil de l'hémisphère austral à l'hémisphère boréal. Pour les astrologues, ce zodiaque a pour but de positionner la Terre sur son orbite autour du Soleil, à l'aide des douze divisions égales à 30° chacune.

Les autres attaques

● L'astrologie est une « turlutaine » qui fait honte à l'humanité.

● L'astrologie est une exploitation de la crédulité qui enrichit les charlatans de tout genre.

● « L'astrologie est une discipline bidon », a dit récemment l'un de ses détracteurs, qui a terminé sa démonstration par une conclusion sans ambages : « l'astrologie n'est pas seulement stupide, elle est ignoble, discriminatoire et illégale ».

● Feu Alain Gillot-Pétré, l'homme de la météo, n'hésita pas à écrire que l'astrologie était un marché juteux du charlatanisme et que plus on pénétrait à l'intérieur de la « fumisterie », plus « l'attrape-couillons tournait à la farce ».

● En 1975, une revue américaine publia un manifeste signé de 186 hommes de science, dont 18 prix Nobel. Voici les passages les plus significatifs : « Nous nous inquiétons de l'accueil de plus en plus favorable que reçoit l'astrologie dans une grande partie du monde. [...] ceux qui veulent croire à l'astrologie doivent savoir que

ET MÊME LA FONTAINE

L'aversion que l'astrologie inspire n'est pas nouvelle et peut-être vais-je surprendre le lecteur en lui présentant ce qu'écrivait le grand La Fontaine sur cette question, c'est-à-dire à une époque où la science expérimentale commençait à peine à poindre. Il s'agit de la fable intitulée *L'astrologue qui se laisse tomber dans un puits* : « Charlatans, faiseurs d'horoscopes, Quittez les cours des princes de l'Europe [...]. Vous ne méritez pas plus de foi que ces gens. » Il est peut-être encore plus sévère dans une autre fable, *L'Horoscope* :

« On rencontre sa destinée
Souvent par des chemins qu'on prend pour l'éviter.
Un père eut pour toute lignée
Un fils qu'il aima trop, jusques à consulter sur le sort de sa géniture
Les diseurs de bonne aventure.
Un de ces gens lui dit que des lions surtout
Il éloignât l'enfant jusques à un certain âge ;
Jusqu'à vingt ans, point davantage.
Le père, pour venir à bout
D'une précaution sur qui roulait la vie
De celui qu'il aimait, défendit que jamais
On lui laissât passer le seuil de son palais [...].
Même précaution nuisit au poète Eschyle.
Quelque devin le menaça, dit-on,
De la chute d'une maison.
Aussitôt il quitta la ville
Mit son lit en plein champ, loin des toits, sous les cieux.
Un aigle, qui portait en l'air une tortue,
Passa par là, vit l'homme, et sur sa tête nue
Qui parut de rocher à ses yeux,
étant de cheveux dépourvue,
Laissa tomber sa proie, afin de la casser : le pauvre Eschyle sut ses jours avancer.
De ces exemples il résulte
Que cet art, s'il est vrai, fait tomber dans les maux
Que craint celui qui le consulte [...]
Je ne crois point que la nature se soit lié les mains et nous les lie encore
Jusqu'au point de marquer dans les cieux notre sort.
Il dépend d'une conjoncture
De lieux, de personnes, de temps ;
Non des conjonctions de tous ces charlatans [...]. »

ses principes ne reposent sur aucune base scientifique [...]. Jadis, les hommes considéraient les objets célestes comme le séjour des dieux ou des présages envoyés par eux et les croyaient donc intimement liés aux événements terrestres ; ils n'avaient aucune notion de l'immensité des distances qui séparent la Terre des planètes et des étoiles [...]. Aujourd'hui ces distances sont calculées et nous voyons à quel point les effets gravitationnels ou autres que peuvent produire les planètes lointaines [...] sont infinitésimaux. Il est faux d'imaginer que les forces exercées par les étoiles et les planètes au moment de la naissance peuvent en quelque manière modeler notre avenir [...]. La position de corps célestes lointains ne rend pas certaines périodes plus favorables à certains types d'actions [...]. En ces temps incertains, nombreux sont ceux qui rêvent de se laisser guider confortablement dans les décisions qu'ils ont à prendre. Ils voudraient croire à une destinée prédéterminée par les forces astrales échappant à leur contrôle. On pourrait espérer ne pas avoir besoin de détrôner des croyances fondées sur la magie et les superstitions [...]. L'heure est venue de contester les affirmations prétentieuses des charlatans de l'astrologie » (texte cité par Suzel Fuzeau-Bresch).

● « L'astrologie est un conte de fées » (Georges Charpak, prix Nobel).

L'engouement pour l'astrologie

Je me garderai bien de me prononcer sur ses raisons. Dans un souci de justice et d'impartialité, je dirai d'abord que l'astrologie n'est pas pratiquée uniquement par des personnes qui abusent de la confiance d'autrui. Les fervents de cette discipline peuvent être parfaitement honnêtes et se tromper sincèrement. Mais essayons de cerner la question d'un peu plus près.
Disons d'abord qu'il n'est certainement pas raisonnable de contester la validité d'une discipline sans prendre la peine de l'étudier. Le simple fait que des personnes de qualité et de formation scientifique ne se contentent pas de hausser les épaules à la seule évocation de l'astrologie est tout de même une invitation à y regarder de plus près. Ceci étant, il faut bien reconnaître que les défenseurs de l'astrologie ou ses usagers n'ont en général aucune connaissance ni en cosmographie, ni en mathématiques, ni en physique, ni en biologie – sauf exceptions.

La vogue dont l'astrologie bénéficie et son immense crédit peuvent être facilement expliqués. Disons d'abord que l'amoindrissement du sentiment religieux conduit les humains à rechercher d'autres croyances. Si bien des gens sont sceptiques ou incrédules à l'égard de la religion, de cœur et d'esprit ils sont dans des dévotions parfois qualifiées de primitives qui participent bel et bien de la pensée magique ; certains trouvent cela comique.

Bien entendu, les petits malins et les affairistes ont compris depuis longtemps le parti à tirer de cet état d'esprit. Un grand nombre de personnes se font faire des thèmes astraux et presque tous les magazines ont une rubrique consacrée aux horoscopes, que les lecteurs lisent avec plus ou moins d'attention et en estimant qu'il y a quelque chose de vrai – ce qui est fatal puisque le texte est rédigé de telle sorte qu'il puisse convenir à une certaine frange de population. En outre, tout invite à penser que ce type de revenus n'est pas toujours déclaré au fisc.

La presse nous a appris qu'un défunt président de la République consultait régulièrement une astrologue avant de prendre ses décisions. La spécialiste est enviable car elle a dû bien remplir son escarcelle. En tout cas, la pertinence des recommandations qui furent faites au président n'est pas évidente. Ce cas n'est d'ailleurs pas unique. Tout le monde sait que des députés ou même des ministres consultent des cartomanciennes. Il est vrai que les politiciens ont rarement une formation scientifique. Peut-être ont-ils simplement besoin de paroles de bon sens, peut-être ne trouvent-ils pas les vérités recherchées dans les statistiques fournies par leurs collaborateurs titulaires du diplôme de l'ENA ? Le plus étrange, c'est que l'astrologie a franchi depuis longtemps l'épreuve du temps même si les prédictions publiées dans la presse au début de l'année ne sont suivies d'aucune confirmation.

En réalité, l'avenir proche et lointain a depuis toujours inquiété les

POURQUOI L'ASTROLOGIE NE SERA JAMAIS INTERDITE

Les intérêts financiers de toute une presse sont si importants qu'aucun homme politique n'aura ni la volonté ni le pouvoir de faire cesser toute publication liée à l'astrologie. Comme il est en outre bien connu que la plupart des politiciens n'ont qu'un seul souci : être élu ou réélu, ils ne voudront pas déplaire à tous les nombreux amateurs ou adeptes des arts divinatoires, surtout ceux qui sont eux-mêmes des fervents de la chose !

humains. Les Romains de jadis observaient la direction du vol d'oiseaux préalablement enfermés : s'ils se lançaient vers la droite, le signe était encourageant. Dans le cas contraire, l'information était sinistre (ce mot désigne la gauche). L'attente parfois angoissée de l'avenir est évidemment une absence de sagesse. Mais il est heureux que nous ne sachions pas ce que le destin nous réserve – à supposer qu'il soit tout tracé. Quelle vie pourrait être la nôtre si nous savions déjà ce qui nous attend ? Il suffit de faire un petit effort d'imagination et de se mettre à la place de quelqu'un qui se sait condamné à la mort à cause d'une maladie irrémédiable, ou pour toute autre raison. Il résulte de tout cela que la question n'est pas près d'être réglée.

MAIS POURQUOI SE PRIVER DE CE QUI RASSURE ?

Il est d'ailleurs possible d'aborder la question sous un autre angle et de penser, qu'après tout, ce serait un excès de pouvoir que de priver une grande partie de la population de sa petite dose quotidienne de chimère et de rêve. Personnellement, j'estime que la manie de la réglementation fait assez de ravages pour ne pas en ajouter encore une autre. L'astrologie ne détruit pas la santé et elle aide à vivre des quantités de gens qui ont besoin d'imaginer une existence possible un peu plus rose que la leur et elle fait gagner pas mal d'argent à bien d'autres. Le plus étrange est cette continuité dans les idées ou sentiments qu'elle suscite.

EN GUISE DE CONCLUSION

Nous terminerons l'ensemble de ces réflexions sur l'incompréhension envers les phénomènes que tout le monde ne perçoit pas en rappelant que plusieurs scientifiques russes se sont beaucoup intéressés à ces questions et ont découvert des phénomènes qui échappent actuellement à toute explication scientifique.

Comment se faire comprendre
de nos proches ?

Si, comme le montrent les questions relatives à l'astrologie, les faits n'ont pas le pouvoir de se faire comprendre des êtres, il n'en est pas de même des êtres entre eux. Essayons de trouver des moyens.

Être authentique

Un préjugé assez tenace dans les esprits fait passer les caractères compliqués pour plus riches que les autres. Ce genre de croyances a quelque chose de naïf.

Mais qu'est-ce qu'un caractère compliqué ? Disons tout d'abord qu'il est souvent incohérent. Les personnes qui ont plusieurs faces et paraissent différents à ceux qui les approchent doivent être bien tourmentés et n'ont sûrement pas fait l'unité en eux. Nous avons tous connu de ces êtres dont les idées flottent toujours entre des extrêmes, ou changent au gré des événements. Ce ne sont pas nécessairement des « fourbes », mais ils inspirent difficilement la pleine confiance.

Ces personnes qui se demandent encore à quarante ans si leurs convictions politiques se situent à gauche ou à droite et n'arrivent pas à choisir entre des conceptions économiques contraires suscitent bien des interrogations. Il n'est pas rare qu'il y ait chez elles un manque de caractère et, parfois, même de courage.

Elles nagent entre deux eaux pour éviter de se prononcer et ne déplaire à personne. Elles se font bien des illusions car la faiblesse n'a jamais évité les dangers. Ce n'est pas en multipliant les approbations que l'on échappe aux persécutions. Mais la cause des incohérences réside bien souvent dans l'absence de rigueur des raisonnements fondés eux-mêmes sur une information insuffisante.

112

Les pères de famille devraient s'interroger sur l'impression que cause cette espèce de balancement dans les appréciations sur les grandes questions de notre époque dans l'esprit de leurs fils ou de leurs filles. Comment pourraient-ils reprocher à leur progéniture une difficulté à suivre un fil directeur dans les grands choix de l'existence – idéologiques, affectifs et professionnels – et une ligne de conduite ferme si eux-mêmes ne paraissent sûrs de rien ? Ajoutons à cela que si la conduite du père et de la mère est exactement contraire aux recommandations faites aux enfants, ceux-ci auront tôt fait de n'en suivre aucune et les conséquences de l'incompréhension de l'entourage des parents seront énormes.

En d'autres termes, la femme et les enfants aiment avoir auprès d'eux un mari ou un père vrai et naturel. S'il cherche à donner une image de lui-même très honorable et respectable, alors que son comportement laisse à désirer, son image s'effondrera.

Les remèdes à l'incompréhension

Mais ce genre de comportement ne ressort pas nécessairement de la duplicité. Il y a des êtres que leurs proches ne comprennent pas parce qu'ils sont intérieurement tourmentés par des questions dont ils n'ont pas envie de parler ou dont la cause est due à des faits anciens.

Il n'est pas rare qu'une femme ou un homme garde un souvenir cuisant d'épisodes douloureux de l'enfance ou de l'adolescence. Si les traces sont indélébiles, elles ont inévitablement une influence sur l'humeur et la façon d'être. La personne en question aura des agacements incompréhensibles et le plus souvent une espèce de mélancolie, ou de morosité, qui intrigueront ou attristeront la petite famille.

Comment faire pour y remédier ? Bien entendu, il est vain de demander à ceux qui sont victimes de ces séquelles une tentative d'oubli. Il paraît plus sage de recommander au père ou à la mère de parler à leurs enfants sans ambages, de leur vie antérieure (dès que l'âge de ceux-ci les rendra réceptifs à ce genre de propos). Il n'est pas souhaitable qu'il y ait des zones d'ombre dans la vie des parents dans l'esprit des grands enfants. Que les circonstances soient peu glorieuses ou très tristes n'a guère d'importance. Il vaut mieux en parler et paraître les avoir dominées, plutôt que ruminer intérieurement et empoisonner l'atmosphère du foyer.

Certes, le fait d'avoir connu des épreuves ne crée pas fatalement des cœurs complexes. Nous nous contentons de dire qu'il est quand même plus facile d'être bien compris de sa compagne et des enfants s'il n'y a d'ambiguïté ni dans les idées ni dans la façon d'être et d'agir.

Les personnes sombres et secrètes engendrent des interrogations, tout au moins chez ceux qui ont de l'affection pour elles. Un père ou une mère imprévisible et bizarre donneront une impression désagréable aux enfants.

Si personne ne sait jamais à quoi s'en tenir avec une autre, chacun reste dans son coin et tous se regardent en chiens de faïence, même si ce genre de bibelots n'est plus sur les cheminées.

Il faut veiller à être équilibré et d'humeur égale. Si nos proches se demandent chaque matin dans quel état d'esprit ils vont nous trouver ils finiront par se lasser de nos caprices. Les parents s'efforceront de ne pas toujours parler de leurs soucis à table en présence de leurs enfants. Ils n'oublieront pas que leur fille ou garçon aime bien avoir un père et une mère pimpants et optimistes. Rien ne fait plus plaisir à une fille que d'avoir une mère coquette et gracieuse et rien n'est plus agréable à un garçon que d'avoir un père qui a plus de projets que de souvenirs.

Se faire comprendre au bureau

LE CAS D'UN NON-CADRE

Prenons d'abord l'exemple de quelqu'un qui n'a pas de fonction hiérarchique. Il est indispensable qu'il se fasse apprécier de ses supérieurs.

La première condition consiste à ne pas leur donner l'impression qu'ils peuvent se passer de lui. Il faut donc être assez adroit pour les consulter souvent et plus encore leur rendre compte de tout ce qui se passe. L'important, c'est de maintenir l'équilibre entre un minimum d'initiatives et le fait de ne pas outrepasser ses attributions.

GRAND ÉCRIVAIN, MAIS PAS GRAND EMPLOYÉ

L'écrivain fantaisiste que fut Courteline (1858-1929) en sut quelque chose à son détriment. Pendant son bref séjour dans un ministère, il fut l'objet d'appréciations peu flatteuses dont celle-ci : « Employé consciencieux, mais peu intelligent ». Sans doute jouait-il la comédie de l'imbécile heureux tout en s'amusant bien au fond de lui-même.

Remarquez bien que cette attitude est loin de suffire pour être compris de son chef. Si l'on est trop familier et même quelque peu vulgaire, il en est qui s'en froisseront. Si l'on est très respectueux, d'autres classeront l'employé dans la catégorie des moutons ; et, si l'on est distant et froid, dans celle des orgueilleux.

Mais il n'y a pas que la difficulté de compréhension due aux caractères, il y a aussi la façon de présenter les affaires. Il y a des êtres tellement peu subtils qu'ils veulent un langage simple et direct et qu'ils n'apprécient ni l'ironie ni une apparente désinvolture.

Si l'employé paraît détaché de son travail, son supérieur le prendra pour un fantaisiste ou un amateur, ce qui n'est pas toujours vrai (mais remarquez bien que le fait d'être trop zélé fait parfois passer l'intéressé pour un être borné).

Si d'aventure votre supérieur hiérarchique n'a strictement pas d'autre centre d'intérêt que son travail ne vous aventurez pas à vouloir évoquer même furtivement une visite dans une exposition ou à émettre une appréciation sur tel auteur ou tel compositeur car vous n'obtiendriez que de l'agacement et une incompréhension assortie d'un brin d'envie. Il aura en outre la conviction que vous avez voulu le mettre dans l'embarras ou l'éblouir.

LA VIE PRIVÉE

Inutile de dire que vos tourments ou inquiétudes concernant ceux que vous aimez laisseront vos supérieurs indifférents. Si vous vous plaignez souvent, ils vous classeront dans les geignards ou les faibles.

Mais dans les petites entreprises il vous sera reproché de ne jamais parler de votre vie privée. Certains diront : on ne sait rien de lui. Si vous êtes taciturne et secret, ou simplement désireux de n'ennuyer personne à cause de vos tourments ou de vos chagrins, d'autres vous trouveront dissimulé.

Parlez donc de vous avec mesure sans tout dévoiler, mais sans cultiver le secret. Si vous avez quelques bonnes fortunes en matière, disons... sentimentale, évitez les confidences : car si votre chef a une femme du style virago et dragon et qu'il doit filer doux devant elle, rien ne l'irritera autant que l'évocation de victoires que lui-même n'a jamais remportées. L'observation est d'ailleurs utile avec les collègues de même niveau hiérarchique.

Pour la gent féminine, les remarques peuvent être différentes. Si une employée est très heureuse avec son mari, il est recommandé de n'en point trop en parler pour ne pas faire souffrir celles qui ne sont pas dans le même cas.

Il est en outre assez inélégant d'étaler l'aisance pécuniaire de son propre couple devant des gens qui tirent le diable par la queue, et tout aussi maladroit de faire état de son impécuniosité si tel est le cas. Les personnes à qui vous en parlez n'y peuvent rien et ce genre de jérémiades ne vous vaudront qu'une indifférence plus ou moins attendrie.

En revanche, il est excellent d'avoir la force de ne jamais se plaindre auprès d'autrui de ses malheurs, car vous risquez de causer une satisfaction secrète même si les autres ne sont ni méchants ni sadiques.

Ainsi donc, personne ne serait compatissant ou sincère ? Si, mais comment le savoir ?

SE FAIRE COMPRENDRE AU BUREAU : CE QUI SE DIT CHEZ LES CADRES

Prenons maintenant l'exemple du cadre qui a des responsabilités hiérarchiques.

On sait bien que toutes ces questions peuvent être vues sous divers aspects selon l'importance de l'entreprise. Il est bien évident que l'hôtesse d'accueil d'une entreprise de 25 000 personnes ne peut pas savoir quelle est la vie de son président-directeur général. Mais quelle que soit l'importance de la société, chacun sait ce qui se passe dans son service, qui est lui-même une petite entreprise.

En France, il ne faut jamais oublier que tout détenteur d'un pouvoir suscite une hostilité ou, au moins, une méfiance plus ou moins ouverte.

Comment donc s'efforcer d'être compris, à défaut d'être aimé ?

● D'abord ne pas jouer à l'homme inaccessible, tout en gardant le respect de ses subordonnés.

● Celui qui a sous ses ordres deux autres personnes elles-mêmes pourvues d'un pouvoir ne doit pas se substituer à elles.

● Le personnel démagogue qui a besoin d'un conseil ou d'un renseignement n'a pas à franchir les étapes.

● Le directeur qui s'adresse directement à l'employé le plus modeste commet évidemment une erreur, mais, partout, il doit toujours être possible de le rencontrer.

● Pour être compris, il faut éviter soigneusement toute injustice.

● Il est impératif de ne montrer aucune préférence.

● Le chef qui demande à un employé des nouvelles de sa famille et de son petit dernier, mais ne répond même pas au salut d'un autre, commet un impair.

● Si le responsable hiérarchique tient l'employé à qui il ne veut même pas parler pour un incapable, il n'a qu'à le licencier plutôt que de l'ignorer.

● Il ne faut pas passer pour un jouisseur. Je ne dis pas qu'il faut donner l'impression que l'on est pur et sans tache. L'austérité ostentatoire ou la simplicité affectée ne tromperont personne. Mais si le personnel sait que le chef profite de sa situation pour tenter de conquérir la femme des autres, ou si on sait qu'il passe ses nuits dans des boîtes et se fait rembourser d'énormes frais de restaurant, alors qu'il refuse le renouvellement des rouleaux de Scotch, il le méprisera.

● Il faut avoir à cœur de donner l'exemple à tous points de vue. Il y a une sorte de mimétisme entre le chef et le personnel : si celui-ci est énergique et franc, les subordonnés auront tendance à agir comme lui ; s'il est indolent et fuit tous les risques, ce n'est pas l'employé le plus modeste qui voudra en prendre.

● Si le chef ne laisse pas la moindre initiative à ses collaborateurs, c'est le meilleur moyen pour que chacun d'eux courbe l'échine et n'ose plus ouvrir la bouche.

● On ne doit pas se plaindre de son personnel car on a celui que l'on mérite.

● Soutenir son personnel en toutes circonstances est une exigence évidente, quitte à le tancer à huis clos.

● L'employé ou l'ingénieur qui commettent une ou plusieurs fautes – quelles qu'elles soient – et toujours les mêmes devront savoir que cette situation ne pourra pas durer.

● Le fait qu'un agent ne donne pas satisfaction en dépit des réprimandes prouve qu'il y a eu erreur de recrutement ou d'orientation. Il appartient donc au chef de prendre des dispositions pour y remédier.

● Il ne faut pas donner l'impression d'être à plusieurs faces afin que ceux qui nous côtoient aient bien le sentiment d'être en présence de quelqu'un de vrai et dont les opinions ne varient pas au gré du vent. Personne n'a envie de se fatiguer les méninges pour comprendre autrui.

● Il est nécessaire d'essayer de faire l'unité en nous, de veiller à être équilibré et d'humeur égale.

● Le responsable fait tout ce qu'il peut pour ne pas montrer ses préférences. Les afficher serait une attitude aussi désastreuse que celle du maître d'école qui a des « chouchous ».

● Il ne fait pas de compliments sur quelqu'un en présence d'autres à qui l'on fait des reproches.

● Il est désastreux de demander ostensiblement à un collaborateur de prendre modèle sur un autre.

● Un supérieur hiérarchique s'efforcera de n'être pas tonitruant à propos de peccadilles.

● Il respectera l'intimité de ses collaborateurs.

● Il leur laissera la possibilité de prendre les décisions qui correspondent à leur grade.

● Il n'ignorera pas tout ce qui concerne la vie privée de chacun des membres de son personnel, mais en veillant à éviter toute indiscrétion.

● Il ne dénigrera ni la politique de l'entreprise ni ceux qui l'élaborent. Il évitera les récriminations et les plaintes.

LE POUVOIR N'EST PAS LE JOUIR

Lorsque le peuple de France apprit que Louis XIV s'était emparé de la personne de Mme de Montespan – d'ailleurs consentante – en profitant de son pouvoir pour écarter et même menacer M. de Montespan au mépris de la souffrance de ce dernier, il en fut indigné.

Dictionnaire des mots
les plus incompris

Comment retrouver l'agilité intellectuelle ?

Nous venons de réfléchir sur les raisons qui gênent notre compréhension des autres et sur celles qui nous empêchent d'être compris. Elles sont d'ailleurs liées. Notre caractère, notre conduite et notre langage sont en cause.

Mais il est une autre sorte d'incompréhension dont nous ne pouvons être qu'en partie responsable : celle de l'esprit. On ne dira jamais assez à quel point nos formes d'intelligence peuvent être différentes. Qui oserait se flatter de tout comprendre ?

Tout le monde sait bien qu'un personnage instruit et intelligent peut avoir des difficultés à s'exprimer devant un auditoire. Il lui manque sans doute l'intelligence verbale que certains désignent sous le nom d'intelligence langagière. Telle autre personne si brillante pour traduire Shakespeare est incapable de remettre en place un rideau coincé. Il est même embarrassé pour remplacer la pile d'une lampe. Il souffre d'une absence totale d'intelligence technique. Un exemple illustre de telles insuffisances : le grand mathématicien que fut Henri Poincaré était totalement inapte à la moindre expérience manuelle.

D'autres personnes sont capables de se faire des amis dans n'importe quel milieu. Elles vendraient des crottes de bique dans du papier de soie en affirmant que c'est un porte-bonheur. C'est l'intelligence de la socialisation, qui révèle une particulière adaptabilité.

Cette diversité d'aptitudes est une invitation à la modestie. Mépriser le type d'intelligence que l'on n'a pas est une faille de notre compréhension. Un interprète de grande valeur peut comprendre excellemment deux ou trois langues étrangères et n'entendre rien à toutes les autres. Un professeur de mathématiques de troisième peut ne rien saisir d'un exercice de mathématiques spéciales. Un médecin des yeux peut tout ignorer de certains traitements du cancer du foie. Un ingénieur peut très bien ne rien saisir d'un mécanisme juridique et un kinésithérapeute ne rien comprendre à la musique.

Cette énumération pourrait être prolongée jusqu'à demain, mais le lecteur a déjà compris ce que nous voulons lui dire. Mais la plus mauvaise des conduites consisterait soit à prétendre tout comprendre, soit à se résigner dès la première difficulté. Le cerveau humain ne demande qu'à travailler. Plus il est exercé plus ses capacités se développent. Même à un âge avancé il est possible d'acquérir des connaissances et d'améliorer la souplesse d'assimilation.

Les médecins ne cessent de le dire et nous recommandent de ne pas laisser s'endormir notre esprit. Il y a tout de même une façon plus ou moins méthodique de s'y prendre, ne serait-ce qu'en raison de la diversité des difficultés. C'est pourquoi il est parfois bien utile d'essayer de retrouver l'agilité indispensable de son cerveau. Comme personne ne peut contester que la connaissance de notre langue constitue le soubassement indispensable à toute autre spécialité, je vous propose un ensemble de tests de français. N'oubliez pas que ces épreuves sont fréquemment demandées lors des sélections de personnel. Mais avant de vous amuser à ces exercices, il est indispensable de vous présenter une série de sigles modernes dont il est irritant d'ignorer la signification et d'ailleurs, quoi de plus absurde d'utiliser des abréviations dont on ne connaît pas le sens ? Nous n'avons pas voulu vous les soumettre sous forme d'interrogations car ils n'auraient pas du tout exercé votre esprit. On ne peut tout de même pas les classer dans les tests de connaissances mais comme ils concernent notre vie quotidienne il est bon de pouvoir les déchiffrer.

Aussitôt après nous verrons les acronymes et le vocabulaire si particulier à l'informatique. Ce nouvel éclairage est encore une contribution à la lutte contre toutes les formes d'incompréhension.

LA BOURSE

BCE	bons de souscriptions de parts de créateurs d'entreprise.
CA	chiffre d'affaires.
CAC 40	cotation assistée continue.
CMF	Conseil des marchés financiers.
COB	Commission des opérations de bourse.
FCP	fonds communs de placement.
OC	obligations convertibles.
OPA	offre publique d'achat ; une ou plusieurs personnes veulent prendre le contrôle d'une société.

OPCVM	organisme de placement collectif en valeurs mobilières. Exemple : FCP ou SICAV.
OPE	offre publique d'échange ; la société initiatrice propose ses titres.
OPF	offre à prix ferme.
OPO	offre à prix ouvert.
OPR	offre publique de retrait, dans le cas où une personne détient plus de 95 % des droits de vote d'une société cotée pour permettre d'offrir aux actionnaires minoritaires un achat de leurs titres.
OPRA	offre publique de rachat d'actions.
ORA	obligations remboursables en actions.
PEA	plan d'épargne actions.
PEE	plan d'épargne entreprise.
PER	*price earning ratio* ; il résulte de la division du cours de bourse par le bénéfice net par action.
SICAV	société d'investissement à capital variable.

LE MONDE ÉCONOMIQUE

Voici à présent quelques autres sigles courants dans le monde du travail.

APE	allocation parentale d'éducation.
Assedic	association pour l'emploi dans l'industrie et le commerce.
AVTS	allocation aux vieux travailleurs salariés.
CMU	couverture maladie universelle.
CRDS	contribution au remboursement de la dette sociale.
CSG	contribution sociale généralisée.
DRH	directeur des relations humaines.
FFSA	Fédération française des sociétés d'assurances.
FMI	Fonds monétaire international.
FNE	Fonds national de l'emploi.
FPC	formation professionnelle continue.
IBM	International Business Machine.
RMI	revenu minimum d'insertion.
UNEDIC	Union nationale interprofessionnelle pour l'emploi dans l'industrie et le commerce.

L'ENSEIGNEMENT

BTS	brevet de technicien supérieur.
CSE	conseil supérieur d'éducation.
DEUG	diplôme d'études universitaires générales.
DUT	diplôme universitaire de technologie.
INRA	institut national de recherches agronomiques.
IUP	institut universitaire professionnel.
REP	réseau d'éducation prioritaire.
UER	unité d'enseignement et de recherches.
UFR	unité de formation et de recherches.

L'INFORMATIQUE

Mais la palme de l'incompréhensibilité revient au vocabulaire lié à l'informatique et à tout ce qui touche à l'Internet et au Web, dont le nom signifie, comme chacun, sait : toile, tissu, réseau. Ce jargon crispe plus d'une personne, mais il y a un bon moyen pour apaiser nos agacements : connaître le sens et l'origine de tous ces mots. Il va de soi qu'aucun lexique ne peut être complet. Celui-ci doit beaucoup au journal *Le Figaro*.

A

Abonnement : possibilité pour un internaute de s'abonner à une liste de diffusion afin de participer à un débat ou de recevoir une lettre d'information diffusée par un site.

Acronyme : expression raccourcie et plus ou moins phonétique.

Antivirus : programme empêchant l'exécution d'un programme et recherchant les virus inconnus.

ASL : Adaptive Speed Leveling. C'est un système intégré aux moteurs pour moduler la vitesse de transmission.

B

Back ground : désigne aussi bien les coulisses d'un bureau que la partie de l'écran située derrière la « fenêtre active ». Le back-ground application est un logiciel capable d'exécuter une tâche en arrière-plan.

Back-up : c'est la sauvegarde. Elle consiste à prendre une copie des programmes et des fichiers en cas de perte.

Bandwith : différence entre deux fréquences exprimées en hertz. Cette unité de mesure concerne un phénomène électro-magnétique qui décrit un cycle par seconde.

Bench marking (référenciation) : procédure d'évaluation par rapport à un modèle reconnu et inscrite dans une recherche d'excellence.

Boot to : mettre en marche un ordinateur en provoquant l'exécution de l'amorce.

Business Game : jeu d'entreprise. Carte accélératrice : ensemble de composants électroniques destinés à améliorer les performances de l'ordinateur.

C

Chip : puce.

Coach : entraîneur, mentor.

Coaching : mentorat, mise en œuvre de l'ensemble des moyens nécessaires à l'optimisation des compétences et à la réussite professionnelle d'un individu ou d'une équipe.

Corporate Communication : communication institutionnelle visant à donner de l'entreprise une image conforme à sa stratégie.

Cyber : préfixe synonyme de « en ligne », qui rattache à Internet le nom qui suit comme, par exemple, cybermarché.

D

Data-show : écran rétroprojectif.

Digital : numérique.

Discount house : mini-marge.

Domaine : sous-ensemble d'adresses Internet. Une adresse terminée par « com » signale un site commercial. « Fr » signale un site français.

Downloader : *load* signifie « charge » et *down* « bas ». On peut traduire par télécharger (par exemple, les images et les logiciels).

E-F-G-H-I-J-K

E-mail : *electronic mail*, c'est-à-dire courrier électronique (appelé aussi messagerie électronique).

Extension : programme supplémentaire destiné à assumer une tâche telle que la vidéo.

FAI : la lettre F signifie ici fournisseur d'accès à Internet (fournisseur Acces Provider). Il permet d'avoir une adresse pour être relié au service de messagerie.

GSM : c'est le *Global System for Mobile Communications*. C'est une norme de téléphonie cellulaire.

Hyperlien : dans les pages « web », certains mots apparaissent en couleur. Si on clique dessus, ces mots renvoient à d'autres informations dans la page.

Internaute : utilisateur régulier d'Internet.

Joint-venture : co-entreprise.

Know-how : savoir-faire.

M-N-P

Mémoire virtuelle : zone située sur le disque dur d'un ordinateur et destinée à décharger des fragments de programmes.

Nomatique : association de l'informatique et de la téléphonie mobile. On remarquera le préfixe « noma » qui évoque le mot nomade. Ce nouveau mot pourrait connaître une certaine fortune.

PAO : publication assistée par ordinateur. C'est la mise en page des photos et de tous documents créés avec d'autres logiciels.

Portail : un site portail cède – contre rémunération – des espaces à des boutiques en ligne.

R-S-T-W

Reboot : le préfixe « re » implique l'idée de répétition. Il s'agit d'une manœuvre qui consiste à faire repartir l'ordinateur après un incident (*to boot up* signifie lancer un programme).

Site : lieu où l'on se connecte sur Internet.

Suite bureautique : ensemble de programmes informatiques destinés à une entreprise ou à un utilisateur privé et qui exploitent des formats de fichiers communs.

Surfer : voyager sur Internet.

Tablette graphique : appareil d'entrées de données permettant un travail précis.

Télécharger : possibilité de transférer des programmes informatiques sur l'ordinateur. Cette opération se nomme FTP, c'est-à-dire File Transfer Protocol.

Téléconférence : possibilité de converser tout en se voyant, si toutefois l'ordinateur de chaque intervenant est muni d'une web-camera.

World Wide Web (WWW) : littéralement « toile mondiale ». C'est un des services offerts par Internet.

DIVERS

ANRS	Agence nationale de recherches sur le Sida.
IRM	image par résonance magnétique.
LASER	Light Amplification by Stimulated Emission of Radiations.
OGM	organisme génétiquement modifié.
OTAN	Organisation du traité de l'Atlantique Nord.
Radar	Radio Detection and Ranging.
SIDA	syndrome d'immuno-déficience acquise.

LES FORMULES LATINES

Qui n'a pas été un peu agacé par l'énoncé d'une formule incompréhensible en latin et n'a regretté son ignorance totale de cette langue ? Il fut une époque où il était du dernier chic de sortir une citation latine. Cette pratique est révolue et, pourtant, il nous est arrivé à presque tous d'envier les personnes qui avaient quelque teinture de ce que l'on nommait les humanités – on se demande d'ailleurs pourquoi. Nous avons donc pensé qu'il serait sans doute utile de rappeler le sens de quelques formules courantes dont beaucoup sont d'excellentes maximes de vie. Il n'y a pas plus de pédantisme dans l'acquisition de ce genre de connaissances que dans l'utilisation d'expressions américaines, dont le sens n'est guère plus connu que celui des expressions latines et qui, en plus, ne contiennent aucune idée pratique. Sans prétendre remplacer les fameuses pages roses du *Petit Larousse* qui permettaient de paraître savant à bon compte, voici quelques formules utiles à la compréhension des autres.

A contrario : cette expression signifie « par le contraire ». Elle est souvent mal utilisée. Le raisonnement a contrario est celui qui part d'une opposition dans les hypothèses pour conclure à une opposition dans les conséquences. Mais il s'agit là d'un faux raisonnement, car deux hypothèses contraires peuvent avoir des conséquences communes. Envisager deux hypothèses opposées n'est pas établir un raisonnement a contrario.

Ab uno disces omnes : « Par un seul, connais-les tous ». Cette expression est employée pour parler d'un exemple que l'on peut généraliser. Une femme mécontente pourrait l'utiliser à propos des hommes.

Ad hominem : il s'agit là d'un type d'arguments à l'aide desquels on cherche à enfermer l'interlocuteur dans ses propres défauts, paroles ou actes.

Ad majorem dei gloriam (AMDG) : c'est la devise créée et adoptée par l'ordre des jésuites afin d'exprimer l'intensité de leur foi. « AMDG » figurait sur leurs écrits, et veut dire : « Pour la plus grande gloire de Dieu ».

Ad patres : cette formule signifie « vers les ancêtres », c'est-à-dire « vers la mort ». Un médecin qui pratiquerait l'euthanasie enverrait son patient *ad patres*. Mais l'expression serait impropre s'il s'agissait d'un vétérinaire.

Alter ego : c'est un autre moi-même. Se dit de quelqu'un à qui on délègue des tâches tant on lui fait confiance. Elle peut être utilisée aussi pour évoquer une similitude de caractères entre deux personnes, avec une coloration affective.

Audaces fortuna juvat : ces mots signifient que la chance sourit aux audacieux, ce qui d'ailleurs est parfois faux.

Aura popularis : cette expression évoque l'inconstance de la faveur populaire. Nos hommes politiques en savent quelque chose.

Bonum vinum laetificat cor hominis : maxime plaisante tirée de la Bible (Ecclésiaste XL 20). Elle signifie que le bon vin réjouit le cœur de l'homme et, sans doute – de plus en plus –, celui de la femme.

Calculus : les petits Romains d'autrefois apprenaient à compter avec des cailloux (le mot a donné « calcul »). On retrouve cette origine dans le langage médical pour désigner les calculs rénaux. Cette maladie est d'ailleurs désignée sous le nom de gravelle (où on retrouve le gravier).

Carpe diem : ces deux mots sont célèbres et il est vraiment utile d'en connaître la signification. C'est une invitation à profiter dès maintenant des joies terrestres, de ne pas savourer le passé ou d'attendre impatiemment le lendemain. Il est bien vrai que c'est une sagesse de savoir jouir du moment présent.

Castigat ridendo mores : cette expression signifie « Il corrige les mœurs par le rire ». Cette maxime est sujette à caution, car les bouffonneries satiriques de certaines émissions de télévision ne paraissent guère corriger les mœurs.

Cave canem : « Fais attention au chien ».

Cedant arma togae ou *Cedat toga ramis :* ces mots signifient que le pouvoir des armes est subordonné au pouvoir civil. Cette maxime est toujours d'actualité et correspond à la réalité tout au moins dans la plupart des pays.

Cenaculum : cela signifie « petit logement ». Ce mot vient de *cenare*, qui veut dire « dîner ». La Cène – dernier repas du Christ – est une fresque célèbre.

Cepa : « oignon ». Nous le signalons parce qu'il est à l'origine du mot ciboulette.

Clivus : « pente », ou « colline en pente douce ». De là vient notre mot « enclin », c'est-à-dire « penchant vers ».

Cogito ergo sum : c'est le philosophe Descartes qui fit de cette constatation une preuve de sa propre existence. Il est clair que d'autres moyens existent pour savoir si l'on vit ou non.

Computare : ce mot signifie « compter » en latin. Le vocable américain « computer » n'a pas d'autre origine.

Cutis : « la peau ». Tout le monde connaît la respiration cutanée.

De auditu : « Par ouï dire ». Nous l'avons appris *de auditu*, c'est-à-dire par la rumeur.

De profundis : « Des profondeurs ». C'est le sixième des sept psaumes de la Pénitence dans la théologie chrétienne. Il est dit pour les défunts.

Deus ex machina : l'expression signifie qu'un dieu est sorti d'une machine. Elle est utilisée pour désigner une personne dont l'arrivée ou l'intervention aboutit à une issue favorable après une conjoncture difficile. Le théâtre romantique fit usage de ce genre de procédé. Il n'est pas choquant d'utiliser cette expression pour des choses ou des mots. Une pluie soudaine qui tombe sur une forêt en feu est un *deus ex machina*.

Dura lex sed lex : « La loi est dure, mais c'est la loi ». C'est une formule que certains professeurs écrivaient sur les copies annotées zéro.

Ego : « moi », « je ». Il en est fait un large usage en psychologie.

Fiscus : « corbeille d'osier. » De ce mot, qui signifie « panier », vient notre mot « fisc ». Il s'agit ici d'un panier percé.

Fulgur : c'est l'éclair.

Fustis : de ce mot, qui désigne un bâton ou un gourdin, est venu « fustiger ».

Gluten : c'est la colle et tout le monde sait bien qu'il est possible de faire de la colle avec de la farine. « Agglutiner » n'a pas d'autre origine.

Hic et nunc : voici encore une expression qu'il n'est pas possible de méconnaître. Elle signifie « ici et maintenant ». Le sens est impératif, car il rappelle l'urgence d'une obligation à exécuter.

Hodie nihi cras tibi : « Aujourd'hui c'est moi, demain c'est toi. » En d'autres termes, il convient d'être solidaire des autres en cas de danger et ne pas se désintéresser du sort du voisin, puisque l'on peut être victime à son tour. Mais il est aussi bien d'utiliser cette expression de façon plaisante en bien des circonstances !

Horresco referens : expression devenue ironique si l'on relate un fait sans conséquences dramatiques. Un homme à qui est arrivée une mésaventure humiliante et comique peut l'utiliser. Elle signifie : « Je redoute d'avoir à le raconter ».

Humus : « C'est la terre ». L'intéressant est de rappeler que le mot humilité a cette origine. C'est pourquoi, le jour de leur ordination, les futurs prêtres sont allongés sur le sol.

In cauda venenum : s'il est vrai que certains serpents ou le scorpion ont leur venin dans la queue, l'expression est utilisée maintenant au sens figuré pour désigner les dernières paroles blessantes qui figurent dans une lettre ou un discours.

In medio stat virtus : cette fameuse expression signifie qu'il est sage de se tenir à égale distance des extrêmes. Elle peut s'appliquer à bien des circonstances de la vie, soit en matière médicale pour le choix d'un traitement plus ou moins puissant, soit en matière politique.

In vitro : ces deux mots sont utilisés en médecine biologique pour évoquer les expériences de laboratoire, par opposition à *in vivo*, qui désigne celles réalisées dans un organisme vivant. On peut obtenir des résultats prometteurs contre un virus *in vitro*, mais il faut des années pour obtenir (ou non) les mêmes *in vivo* comme, par exemple, sur l'homme.

Jeunnam aperio : « J'ouvre la porte. » Le deuxième mot signifie « ouvrir ». L'apéritif ouvre – comme son nom l'indique – l'appétit... voire !

Labor omnia vincit improbus : « Le travail triomphe de toutes les difficultés. » Vous pouvez remplacer *labor* par *amor*, mais l'expression est déjà moins vraie.

Lato sensu : signifie « au sens large », par opposition à *stricto sensu.*

Lutetiano videre volo : « Je veux voir Paris. »

Margaritas ante porcos : cette expression célèbre est tirée de l'Évangile selon saint Matthieu (VII-6). Elle correspond à ce qu'exprime le proverbe français qui nous invite à ne pas donner de confiture aux cochons. Mais le mot *margaritas* signifie perles. En d'autres termes, ne servez pas de Chambertin à un amateur de piquette et ne faites pas écouter du J.-S. Bach à une brute épaisse.

Moter proprio : mot à mot, « de son propre mouvement ». Se dit d'un acte qui n'a été ni ordonné ni inspiré par personne d'autre que l'intéressé.

Mutatis mutandi : il s'agit là d'une adaptation à une situation à partir d'une coutume antérieure. Par exemple, la création d'une société à partir d'un modèle canonique [?].

Ne quid nimis : cette expression a un sens profond. Elle veut dire « rien de trop ». Il suffit de réfléchir à notre vie quotidienne pour éprouver sa pertinence. Pas trop de nourriture, mais pas trop de privations. Pas trop de travail, mais pas trop d'oisiveté. Pas trop de richesses, mais pas trop de pauvreté, pas trop de muscles, mais pas trop de graisse, etc.

Nihil habeo : « Je n'ai rien. »

Nil novi sub sole : cette expression tirée de la Bible (Ecclésiaste I-10) n'a pas pris une ride. Il suffit de suivre la vie politique pour comprendre qu'il n'y a effectivement rien de nouveau sous le soleil.

Nolens volens : cette formule signifie « qu'on le veuille ou non ». Elle s'applique à votre état d'esprit pour tout ce qui concerne le versement du montant de vos impôts.

Nosce te ipsum : « Connais-toi toi-même. »

Nosocomium : C'est l'hôpital. Les infections nosocomiales sont celles qui sont contractées en ce lieu.

Num aegrotas ? : « Es-tu malade ? » Nous avons mentionné l'expression pour rappeler que le mot « égrotant » est synonyme de « valétudinaire », c'est-à-dire de « maladif ».

Nunc est bibendum : « Et maintenant il faut boire ! »

Omnia vincit amor : « L'amour triomphe de tout. » L'expression est ambiguë. Elle peut signifier que le sentiment permet de surmonter les obstacles, ou bien qu'il nous domine.

Onus : c'est le fardeau (d'où le mot « onéreux »).

Palus : « marais ». D'où le mot paludisme, synonyme de malaria.

Perinde ac cadaver : c'est une recommandation instante du créateur de l'ordre des Jésuites, Ignace de Loyola. Elle signifie qu'à tous les niveaux de la hiérarchie une obéissance absolue est exigée. « Chacun doit se conduire comme un cadavre », c'est-à-dire sans bouger ni parler. Mais les Jésuites parlent et bougent tout de même beaucoup, puisqu'ils sont missionnaires ou professeurs.

Primum non nocere : magnifique devise du corps médical : « D'abord ne pas nuire ! » Mais les humoristes malveillants l'interprètent ainsi : d'abord ne pas nuire à notre porte-monnaie. On ne sait pas si les psychanalystes ont adopté la maxime.

Primum vivere, deinde philosophari : « D'abord vivre, ensuite philosopher. » Cette maxime pertinente est une invitation à ne pas se laisser aller à de stériles discussions, mais à agir.

Primus inter pares : « Premier parmi ses pairs. » Se dit d'un personnage dont la compétence est reconnue, même auprès de ceux qui exercent une fonction identique.

Quo vadis ? « Où vas-tu ? ».

Sagitta : la flèche (Sagittaire).

Sapiens non acredat rempublicam : cette pensée attribuée à Épicure devrait être présente à tous les esprits. Elle signifie que le sage ne se mêle pas de politique.

Senex : le vieil homme. Le mot Sénat n'a pas d'autre origine.

Speculum : c'est le miroir.

Tabellarius sum : « Je suis le facteur. » Le tabellion désignait autrefois le notaire.

Taedium vitae : c'est le dégoût de la vie, comme en connaissent les païens sans espérance supra-terrestre. Il correspond à la nausée ou au spleen des gens inactifs ou intoxiqués par leurs propres poisons.

Vaticinario : « prophéties ». Le *vates*, c'était le prophète ou le poète. En français, le mot « vaticiner » signifie faire des prévisions à tort et à travers.

Veni vidi vici : « Je suis venu, j'ai vu, j'ai vaincu. » Cette expression peut être utilisée pour relater l'issue favorable d'une difficulté.

Vous voici au terme de l'initiation aux formules latines. L'effort à fournir est insignifiant pour en retenir le sens et nous sommes sûr que leur connaissance vous rendra parfois service.

Tests de français

ENRICHIR SON VOCABULAIRE...

Ce premier test consiste à souligner le mot dont le sens est le plus proche de celui de la colonne de gauche. Par exemple, « affligé » a pour synonyme « attristé ». Les corrections sont placées à la fin de ce chapitre et il est entendu que « s.f. » signifie « sens figuré ». Ce test fait partie de ceux dont on se sert pour déterminer l'intelligence verbale, c'est-à-dire l'aptitude à saisir les nuances du vocabulaire et à utiliser le mot juste. L'homme moderne a un vocabulaire d'une affligeante indigence pour la simple raison que notre langue n'est pas enseignée comme elle devrait l'être. La pratique des commentaires n'a jamais enrichi le vocabulaire de personne ou inspiré le goût des définitions pourtant irremplaçable. C'est ainsi que des étudiants de licence finissent par dire « super » ou « vachement » à propos de tout et de rien ; et il faut s'estimer heureux s'ils ne disent pas que leurs professeurs sont ch...
Les résultats sont à la fin de l'ouvrage.

Abhorrer	détester	exécrer	haïr
Abject	dégoûtant	infâme	répugnant
Abolition	abrogation	révocation	anéantissement
Abréger	résumer	restreindre	raccourcir
Abri	asile	refuge	cachette
Abusif	injuste	extrême	excessif
Accointance	intimité	lien	connaissance
Acquiescer	obtempérer	obéir	tomber d'accord
Adage	aphorisme	apophtegme	maxime
Affabilité	aménité	bienveillance	douceur
Batailleur	belliqueux	combatif	querelleur
Bateleur	baladin	acrobate	funambule
Bavard	prolixe	diffus	loquace
Béat	satisfait	paisible	heureux
Benêt	niais	nigaud	sot
Bénignité	bonté	douceur	mansuétude
Berner	railler	ridiculiser	tromper

Bienfait	faveur	libéralité	obole
Bienveillance	complaisance	indulgence	bonté
Capricieux	changeant	inconstant	fantaisiste
Captieux	insidieux	spécieux	fallacieux
Casuel	fortuit	occasionnel	accidentel
Cautèle	finesse	rouerie	défiance
Caverne	grotte	repaire	tanière
Célèbre	légendaire	notoire	fameux
Célérité	empressement	vélocité	rapidité
Clairvoyance	discernement	lucidité	perspicacité
Concavité	creux	excavation	trou
Décent	honnête	convenable	bienséant
Dèche	misère	pauvreté	débine
Déchéance	disgrâce	dégradation	chute
Décombres	ruine	débris	déblai
Décorer	parer	orner	embellir
Décourageant	démoralisant	désespérant	affligeant
Dédain	mésestime	moquerie	arrogance
Dédommager	payer	réparer	indemniser
Déficit	manque	perte	dette
Défroque	frusque	guenille	haillon
Déguiser	travestir	accoutrer	affubler
Écueil (s.f.)	achoppement	obstacle	piège
Édifice	habitation	monument	bâtiment
Effaré	égaré	hagard	ahuri
Effigie	image	portrait	figure
Égrillard	dessalé	coquin	grivois
Élaguer	émonder	éclaircir	ébrancher
Éloge	congratulation	félicitation	compliment
Éluder	escamoter	fuir	esquiver
Émoluments	honoraires	salaire	indemnité
Émoustiller	animer	réveiller	exciter
En catimini	en secret	en cachette	en tapinois

Faconde	volubilité	loquacité	éloquence
Factieux	partisan	rebelle	insurgé
Fainéant	nonchalant	indolent	paresseux
Fallacieux	insidieux	mensonger	trompeur
Famélique	miséreux	étique	besogneux
Fanfreluche	affiquet	colifichet	brimborion
Fantasque	capricieux	changeant	lunatique
Faraud	fat	prétentieux	fanfaron
Faribole	baliverne	turlutaine	mensonge
Faste	luxe	éclat	pompe
Gâterie	complaisance	prévenance	cajolerie
Génuflexion	prosternation	agenouillement	fléchissement
Glabre	nu	lisse	imberbe
Glorification	exaltation	louange	apologie
Godillot	brodequin	godasse	chaussure
Goguenard	railleur	narquois	moqueur
Gonfanon	drapeau	enseigne	oriflamme
Gouape	gredin	malfaiteur	voyou
Gracile	mince	fluet	grêle
Gravats	plâtras	débris	décombres
Haillons	loques	oripeaux	guenilles
Harangue	discours	oraison	philippique
Harassé	fatigué	épuisé	recru
Harceler	provoquer	aiguillonner	tourmenter
Hargneux	maussade	morose	acariâtre
Hétéroclite	varié	disparate	composite
Hideux	ignoble	laid	repoussant
Hirsute	ébouriffé	échevelé	touffu
Honorable	noble	estimable	respectable
Hypocondriaque	chagrin	morose	atrabilaire
Illusoire	faux	trompeur	chimérique
Imbroglio	désordre	mélange	confusion
Immarcescible	éternel	permanent	impérissable

Immodeste	impudique	indécent	licencieux
Immunité	dispense	franchise	exemption
Impavide	impassible	inébranlable	intrépide
Impérieux	autoritaire	tyrannique	altier
Impétuosité	vivacité	ardeur	fougue
Imprécis	flou	indéfini	indécis
Impudence	effronterie	audace	cynisme
Jactance	fanfaronnade	vanterie	orgueil
Javelot	lance	dard	sagaie
Joindre	emboîter	assembler	attacher
Jouer	s'amuser	s'ébattre	plaisanter
Joyeux	rayonnant	heureux	gai
Laconique	court	succinct	concis
Laid	disgracieux	affreux	informe
Lamentable	douloureux	misérable	déplorable
Lancer	projeter	larguer	jeter
Langueur	affaissement	abattement	anéantissement
Magnanimité	grandeur d'âme	noblesse	générosité
Maigre	décharné	efflanqué	étique
Majestueux	pompeux	colossal	grandiose
Majorer	augmenter	exagérer	surfaire
Maléfice	ensorcellement	sortilège	magie
Niais	jobard	godiche	sot
Nocif	nuisible	funeste	pernicieux
Nomade	errant	ambulant	mobile
Notoriété	célébrité	renommée	réputation
Nuire	léser	discréditer	endommager
Occulte	caché	mystérieux	secret
Ombrageux (s.f.)	défiant	farouche	jaloux
Onctueux (s.f.)	mielleux	patelin	doux
Onguent	embrocation	liniment	pommade
Opiniâtreté	volonté	acharnement	ténacité
Pâle	blême	blafard	livide

Pantois	haletant	interdit	penaud
Papelard	faux	doucereux	mielleux
Paraphrase	interprétation	explication	commentaire
Paresse	oisiveté	mollesse	fainéantise
Quémander	quêter	mendier	solliciter
Querelle	brouille	différend	dispute
Quiétude	accalmie	douceur	tranquillité
Quinaud	confus	honteux	embarrassé
Quittance	récépissé	décharge	acquit
Rebelle	révolté	insurgé	insoumis
Rébus	charade	devinette	logogriphe
Rebut	débris	déchet	détritus
Récit	anecdote	narration	compte-rendu
Regimber (s.f.)	se rebiffer	résister	protester
Scabreux	délicat	dangereux	risqué
Scinder	déchirer	décomposer	séparer
Semblable	pareil	similaire	analogue
Sempiternel	permanent	éternel	continuel
Sensuel	voluptueux	lascif	luxurieux
Tempérance	modération	continence	abstinence
Tendre	fragile	mou	sensible
Tergiverser	ergoter	hésiter	atermoyer
Tertre	butte	monticule	éminence
Timoré	indécis	craintif	pusillanime
Ulcéré (s.f.)	humilié	froissé	vexé
Usages	coutumes	civilité	convenances
Usurper	s'arroger	s'emparer	saisir
Utile	profitable	salutaire	nécessaire
Utopie	mirage	rêverie	chimère
Vaciller	fléchir	chanceler	trembler
Vague	confus	incertain	imprécis
Vaillance	témérité	bravoure	courage
Valétudinaire	cacochyme	égrotant	maladif
Visqueux	poisseux	sirupeux	gluant

L'ART DE DÉCELER LES FAUTES GROSSIÈRES

Le petit exercice qui va suivre est destiné à éprouver votre capacité à déceler les fautes courantes. Les tournures correctes figurent à la fin de cet ouvrage. Il peut s'agir de fautes d'orthographe, d'usage ou de syntaxe.

1 – Ils ont tous été unanimes à le reconnaître.
2 – Comment gère-t-il son divorce ?
3 – Incruster des filets d'or ou d'argent dans du fer ou de l'acier, c'est « damaskiner ».
4 – La détermination par le carbone 14 d'une date à une couche géologique se nomme le datage.
5 – Il faudra pallier à cette insuffisance.
6 – Il avait du dartre sur les dents.
7 – Elle a une grande expertise en pédagogie.
8 – ... dans toute l'acceptation du mot.
9 – Exceptés les vieillards...
10 – Vous trouverez ci-jointe quittance.
11 – Ils ne prennent que des demies-mesures.
12 – Toutes les gens travailleuses sont heureuses.
13 – Son père et lui étaient matinals.
14 – Elles portaient des chapeaux rose.
15 – Demandez-moi tout autre chose.
16 – On n'aime pas qu'on nous critique.
17 – J'apporte des cadeaux pour mes fils qui sont dans mon sac.
18 – Le sol dont on extrait le pétrole est situé en Irak.
19 – Parlez et on vous répondra.
20 – Toi qui connaît la valeur des mots.
21 – Vous redisez toujours la même règle.
22 – Les orangers florissaient à l'automne.
23 – Je crois que tu mens.
24 – Que lis-je ?

25 – Ce sont les fleurs que tu as cueilli.
26 – Ce sont des fruits que j'ai vu mûrir.
27 – Les avanies qu'ils se sont envoyé.
28 – Une foule de personnes assista à ce spectacle.
29 – Il a davantage d'argent que son frère.
30 – Je lui écrivis aussitôt mon arrivée.

C'est une autre façon de faire travailler nos méninges ! On ne dit pas assez combien il est dommageable pour l'intelligence de ne la faire s'exercer que sur un seul domaine. Les personnes imprégnées de littérature, les éminents linguistes, les historiens ou géographes distingués qui ne se penchent jamais sur les questions qui leur sont totalement étrangères amputent leur intelligence ou, au moins, en étouffent une partie. Les hommes de science, les mathématiciens ou les médecins qui n'ont jamais lu une œuvre classique et qui ne sont pas habitués aux subtilités du langage ni à l'analyse d'une œuvre artistique risquent fort de se priver de nombreuses satisfactions et de bien mal comprendre leurs contemporains. Il est donc indispensable d'éveiller toutes nos aptitudes en germe afin d'en faire naître de nouvelles. Il est même très profitable d'essayer de devenir excellent en une discipline pour laquelle on a des difficultés de compréhension. C'est déjà un bon exercice d'humilité et donc un des moyens de faire progresser nos qualités de jugement. Le fait d'enrichir son langage et d'en exiger beaucoup de précision a une valeur inestimable et la volonté d'affiner notre logique en a tout autant. Il y a en outre un but pratique dans les petits casse-têtes que je vous propose.

TEST D'ARITHMÉTIQUE

La pratique des tests d'embauche n'est pas près de finir. Il convient donc de s'y habituer même s'il est évident que vous ne pourrez jamais les prévoir tous. Les corrections sont à la fin de l'ouvrage. Il s'agit ici d'indiquer le nombre qui vient à la suite des autres. Il peut s'agir d'une progression arithmétique ou géométrique.

1) 3 ; 9 ; 15 ; 21 ; ?

2) 5 ; 7 ; 10 ; 14 ; ?

3) 3 ; 6 ; 18 ; 21 ; ?

4) 4 ; 5 ; 10 ; 13 ; 52 ; 57 ; ?

5) 7 ; 8 ; ? ; 13 ; 17 ; ?

6) ? ; 10 ; 11 ; 21 ; 31 ; 41 ; 1 401 ; 16 512.

7) 5 ; 7 ; ? ; 15 ; 23 ; 36.

8) 4 ; 8 ; 11 ; 22 ; 25 ; 50 ; ?

9) 1 ; 3 ; 5 ; 7 ; 11 ; 13 ; 17 ; ?

10) 256 ; 16 ; 4 ; ?

11) 7 350 ; 8 355 ; 9 360 ; ?

12) 9 325 ; 955 ; 4 250 ; 470 ; 2 123 ; 233 ; 1 327 ; ?

13) 97 ; 196 ; 295 ; 394 ; ?

14) Quelles lettres manquent ? 3c ; 1a ; 70g ; 11k ; 20 ? ; 420 ? ; 50 ? ; 820 ?

15) 9 ; 27 ; 81 ; ?

16) Quel nombre faut-il placer au milieu
de ce losange ?

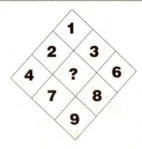

17) Complétez en indiquant le nombre
manquant ?

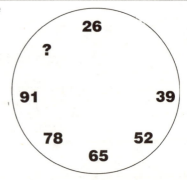

138

18) Complétez ce carré magique par deux nombres : 17 24 ? 8 15 23 5 7 14 16 4 6 ? 20 22 10 12 19 21 3 11 18 25 2 9.

17	24	?	8	15
23	5	7	14	16
4	6	?	20	22
10	12	19	21	3
11	18	25	2	9

19) Passons maintenant à une autre sorte de test : comment écrire 31 avec uniquement des 3 ?

20) Essayez le même exercice pour 34 avec uniquement 4 chiffres 3.

21) Comment écrire 100 avec 4 chiffres 9 ?

22) 1/2 + 1/2 = 1, évidemment. Mais comment arriver au même résultat avec 3 fractions dont le numérateur sera 1 ?

23) Indiquez 4 fractions de numérateur égal à 1 et dont la somme soit égale à 1.

24) À l'issue d'une réception, 60 poignées de mains ont été échangées. Combien y avait-il d'invités ?

25) Une femme s'était demandé quel était au juste le poids d'un grand et gros ami de son mari. Il lui avait dit qu'en ajoutant 10 kg au quart de son poids, il n'en retrouvait que le tiers. Comment aider cette femme à trouver la solution ?

26) Les longueurs d'un tableau triangulaire forment une progression arithmétique de raison (c'est-à-dire le nombre constant que l'on ajoute au terme précédent) égale au plus petit de ses trois côtés. Le périmètre du tableau est de 1,20 m. Quelles sont les dimensions du tableau ?

27) Un jeune homme un peu impécunieux voulait offrir des fleurs à sa belle. Les roses coûtaient 15 F pièce et 21 F la tulipe. Il ne disposait que de 108 F et voulait mettre autant de tulipes que de roses. Combien acheta-t-il de fleurs de chaque espèce ?

28) Une femme avait acheté 12 paquets de biscuits une première fois et 15 le lendemain mais cette fois avec 10 % de réduction. Ayant payé en tout 714 F, elle voudrait savoir quel a été le prix du paquet.

29) Un malfaiteur féru de calcul visitait des chambres d'hôtel. Il avait commencé par le numéro 1015, puis la chambre 810 ; après, ce fut la 606 et récemment la 403. Un surveillant instruit et sagace devina quelle serait la suivante.

30) Comment pourrait-on réaliser ces égalités en insérant entre les chiffres 2 des signes arithmétiques tels que +, -, x ou : ? 2 2 2 2 = 0 ; 2 2 2 2 = 4 ; 2 2 2 2 = 6 ; 2 2 2 2 = 12.

31) Lequel de ces nombres est divisible par 3 : 413, 265, 423. Pourquoi ?

32) 0,0017 correspond-il à 17/100, 17/1000 ou 17/10000 ?

33) Le volume d'un cube de 3 mm de côté est de : 27 mm^3 ; 9 mm^3 ou 6 mm^3 ?

34) Le tiers d'un quart est-il 1/12 ou 3/12 ?

35) 2/3 + 1/4 sont-ils inférieurs ou supérieurs à 1 ?

36) Un mètre cube d'eau correspond-il à 10 l, 100 l ou 1 000 l ?

37) Écrivez 1 909 en chiffres romains.

38) Écrivez 1 610 en chiffres romains.

39) Quels nombres sont divisibles par 4 : 404, 513 ou 875 ?

40) À quoi vous fait penser cette fraction : 22/7 ?

41) À votre avis, la force qui fait tomber la pomme de l'arbre est-elle de même nature que celle qui maintient en orbite la Lune autour de la Terre ?

42) Existe-t-il d'autres champs que celui de la gravitation ?

43) Croyez-vous qu'un apport de chaleur a pour conséquence inévitable une élévation de température ?

44) Freud a beaucoup parlé de sublimation ; mais quel est le sens du mot d'un point de vue scientifique ?

45) La vitesse du son dans l'air à 0° C est-elle en mètres par seconde : 33, 330, 3 300 ou 6 000 ?

46) Depuis 1850 les soldats ne doivent en aucun cas marcher au pas cadencé sur un pont suspendu. Pourquoi donc ?

47) Le myope a-t-il une longueur exagérée de l'œil ou a-t-il l'œil trop court ?

48) Quel pourcentage du poids du corps représente l'eau qu'il contient : 30 %, 50 % ou 70 % ?

49) À quoi sert la coagulation du sang ?

50) Combien d'hormones ont été dénombrées ? 208, 1 217, 9 ou 28 ?

DIVERTISSANT OU ATTRISTANT ?

Voici les réponses à des questions posées à l'occasion de sélections pour des fonctions d'auxiliariat dentaire. J'en garantis l'authenticité.
Ces réponses ont été données par des jeunes personnes ayant obtenu qui un BEP, qui un CAP, et dont la scolarité s'est achevée vers l'âge de 18-20 ans, c'est-à-dire après quelque douze ans d'études. Il ne convient pas de blâmer les auteurs de telles réponses, mais seulement d'espérer que notre enseignement reviendra un jour à l'utilisation de méthodes plus efficaces.

À quelle température l'eau bout ?	60° ; 35° ; 37° ; 300° ; 180°.
Combien pèse un mètre cube d'eau ?	1 kg ; 100 kg ; 10 kg ; 2 000 g.
Qu'est-ce qu'un antiseptique ?	Un microbe.
Qu'est-ce qu'un analgésique ?	Une infection.
Qu'est-ce qu'un sédatif ?	Quelque chose qui endore (sic).
1 puissance 3 =	1 000, R : 27.
À quoi sert l'eau oxygénée ?	À rincer les instruments.
Qu'est-ce que la prophylaxie ?	Une petite scie avec un embout ; une malformation des mâchoires ; une prise de sang.
12 puissance 2 =	264.
1/3 =	02,5 ; 2/6 ; 3.
À quel âge apparaît la première dent ?	Douze ans.
Citez un désinfectant domestique	Le dentifrice.
Qu'est-ce qu'une muqueuse ?	Un muscle ; une ouverture du corps ; la flore qui se trouve dans le nez ; une partie de la peau toujours humide.
Combien avons-nous de muscles ?	80.
Qu'est-ce qu'une dermatose ?	Une grosseur au niveau de la gencive.
0,50 x 0,50 =	2,5.

Combien de vertèbres avons-nous ?	20 ; 6 ; 15 (environ).
Qu'est-ce que la coagulation ?	C'est le sang qui circule bien.
Quel est le nom ordinaire du chlorure de sodium ?	L'eau de Javel ; le phosphore.
Qu'est-ce qu'un collutoire ?	Un appareil que l'on se met dans le nez ; sert à faire des crachats.
$1/2 + 1/2 =$	0,5 ; 3 ; 2/4.
Où est la clavicule ?	Dans l'organisme humain.
Où est l'artère fémorale ?	Dans la gencive (à l'arrière) ; dans l'haine (sic) ; dans le cou ; sous la langue.
Combien avons-nous d'os ?	Des milliers ; 37.
À quoi sert la salive ?	À évacuer plus facilement.
Combien avons-nous d'os dans la tête ?	Beaucoup ; 1 ; 2.
En quel siècle vécut Pasteur ?	Au XVe siècle ; au XVIe siècle.
Vers quel âge apparaissent les dents de sagesse ?	À n'importe quel âge.
Combien pèse un centilitre d'eau ?	100 g.
Qu'est-ce qu'un barbiturique ?	Un lavement.
Combien avons-nous d'incisives ?	42.
Quelle est la moitié de 1/4 ?	1/7.
$1 \times 1 \times 1 \times 1 =$	4.
Entre huile, eau et alcool, quel est le liquide le plus dense ?	Aucun n'est lourd.
Où est l'humérus ?	Dans la bouche.
Qu'est-ce qu'une étuve ?	Un récipient.
En quel pays se trouve Bagdad ?	Au Maroc ; en Inde ; en Thaïlande ; en Afrique.
Qui a découvert le vaccin contre la rage ?	Pierre et Marie Curie.

Quels fleuves arrosent Lyon ?	La Meurthe ; la Marne et Loire ; la Garonne ; le Rhin.
Où coule le Pô ?	En Asie ; en France ; en Afrique.
Quelles sont les deux principales îles des Antilles ?	L'île Maurice ; la Réunion.
Est-il exact qu'une sauce célèbre fut créée par monsieur l'abbé Chamel ?	Si vous parlez de la sauce Béchamel, c'est possible (cette réponse fut faite par une personne titulaire d'une maîtrise de droit).
Que signifie le sigle suivant : TVA ?	Taxe de valeur approximative ; taxe de valeur appliquée ; taxe de voitures mal garées ; taxe de vente d'achat (?!)
Où débouche le Rhône ?	Dans la mer ; dans la Manche.
Où coule la Tamise ?	En Chine ; au Japon ; en Allemagne ; en Italie ; en Gironde ; en Égypte.
Quel fleuve arrose Toulouse ?	Le Rhin.
Que signifie le sigle SARL ?	Société agréée légale ; société à rendement limité ; société artisanale ; société de régime libéral.
Citez un moyen de stérilisation	L'ablation des ovaires ; le bain-marie.
1/2 =	24 environ ; 12/12.
Combien de cordes vocales avons-nous ?	32.
Qu'est-ce qu'une céphalée ?	Une dent qui tombe à l'âge adulte.
Citez deux antiseptiques	Les voisins bruyants ; les grèves (ce n'est pas l'auteur qui l'a inventé).
Déchiffrez MDCC	médecine dentaire ; maison dentaire du centre de commission ; médecine dentaire des chirurgiens conventionnés ; médecin départemental.
Sur quelle mer se trouve Venise ?	La mer Noire ; la mer du Sud.

Voici à présent quelques expressions glanées dans un compte-rendu de film consacré à l'extraction d'une dent de sagesse.

« Le film nous montre l'intervention d'une dent de sagesse. »

« Il faut bien dégager les racines pour les soulever avec une faucille. »

« Une dent de sagesse a été diagnostiquée chez un patient. »

« Le dentiste se met en position pour retirer le morceau avec un aspirateur. Puis on recoud la plaie. Il mobilise (*sic*) la deuxième gencive. Il ne faut pas attaquer les mailles. »

$1/2 + 1/2 = 1/4$ (donné par un DEUG de droit) ; 5 ; 0,5/2 ; 2/5 ; 2/4 ; 3.

Ces candidates ne sont pas les seules à nous divertir. Voici quelques perles de culture relevées dans des copies de baccalauréat. Il est certain que les enfants de douze ans qui se présentaient aux épreuves du certificat d'études primaires en 1949 n'auraient jamais écrit de pareilles énormités. Mais il paraît que les émissions de télévision sont un moyen de se cultiver[1].

« Le génie de la Renaissance italienne : Mickey l'ange ceci est le résultat de jeux de mots publiés dans un magazine de large diffusion. »

« Comme souvent le peuple s'en est pris à un bouc et mystère. »

« Les Américains ont perdu la guerre du Nuocman. »

« Noé et son arche se sont échoués sur le mont Arafat. »

« Il fut condamné après un procès en bonnet de forme. »

« Le marché capitaliste est régulé par la loi du plus fort et de la demande. »

« Staline fit déporter la classe des paysans enrichis : les goulags. »

« Le calendrier révolutionnaire commence en primaire [c'est peut-être profond]. »

« Vendémiaire correspond à la saison des vidanges. »

« Le Tsar a perdu le pouvoir malgré les occases. »

« Le Vietnam est la capitale du Liban. »

« Hypopotamus est le siège du système neuro-végétatif. »

---

1. Ces exemples ont été publiés dans une revue intitulée *Le Sel de la terre* (La-Haye-aux-Bonshommes 49240 Avrillé) et dans *La Lettre de l'école* (Saint-Joseph, 11290 Montréal-de-l'Aude).

« L'oxydant chrétien [ici, le candidat est peut-être un futur chimiste]. »

« Louis XVI avait trahi la France. La preuve : il était protégé par des Suisses. »

« La tendance à aller vers le soleil s'appelle l'hélicotropisme. »

« La médecine préventive soigne la maladie en amont. La médecine curative en avalant. »

« Le cachet de la poste faisant mal au foie. »

« Le Gouvernement de Vichy siégeait à Bordeaux. »

« Les liquides sont incompréhensibles. »

« En 1934, Citroën sort la traction à vent. »

« Les sacrifices humains étaient courants chez les paztèques. »

« L'éther est un produit très volubile. »

« À la Conférence de Versailles, pour les Français : Clemenceau ; pour les Anglais : Boy George. »

« D'après le calendrier hébraïque, on est en 575 après Jésus-Christ. »

« Napoléon III était le neveu de son grand-père [!]. »

« Les Allemands nous ont attaqués en traversant les Pyrénées à Grenoble [?]. »

« Le mètre est la dix-millionième partie du quart du méridien terrestre. Pour que ça tombe juste on a arrondi la terre. »

« Le soleil a cessé de tourner autour de la Terre [!] le jour où on a menacé de le brûler. »

« Le cerveau a des capacités tellement étonnantes qu'aujourd'hui pratiquement tout le monde en a un. »

« Toute bactérie a deux doigts : un pour marcher, l'autre pour manger. »

« Les végétaux fixent l'oxygène grâce aux globules verts. »

« Un pilote qui passe le mur du son ne s'en rend pas compte : il n'entend plus rien. »

« La datation au carbone 14 permet de savoir si quelqu'un est mort à la guerre. »

Même si ces candidats n'ont pas été reçus – mais sait-on jamais –, il est permis de se demander comment ils ont pu accéder à la classe de première. Depuis cinquante ans, les réformes entreprises par les hauts fonctionnaires de l'Éducation nationale ont été chiffrées par dizaines. Le résultat n'est pas très probant. Mais, après tout, l'école n'est peut-être plus destinée à transmettre un savoir. Si le lecteur s'est amusé un instant, il est probable qu'il sera très vite pris d'une certaine tristesse.

Annexes

Correction du test de français

Abhorrer	exécrer	**Concavité**	creux
Abject	répugnant	**Décent**	bienséant
Abolition	abrogation	**Dèche**	débine
Abréger	raccourcir	**Déchéance**	chute ou déca-
Abri	refuge	dence	
Abusif	excessif	**Décombres**	déblai
Accointance	connaissance	**Décorer**	orner
Acquiescer	tomber d'accord	**Décourageant**	affligeant
Adage	maxime	**Dédain**	arrogance
Affabilité	aménité	**Dédommager**	indemniser
Batailleur	belliqueux	**Déficit**	manque
Bateleur	acrobate	**Défroque**	frusque
Bavard	loquace	**Déguiser**	travestir
Béat	heureux	**Écueil** (s.f.)	achoppement
Benêt	niais	**Édifice**	bâtiment
Bénignité	bonté	**Effaré**	ahuri
Berner	tromper	**Effigie**	figure
Bienfait	libéralité	**Égrillard**	grivois
Bienveillance	bonté	**Élaguer**	ébrancher
Capricieux	changeant	**Éloge**	compliment
Captieux	fallacieux	**Éluder**	escamoter
Casuel	accidentel	**Émoluments**	honoraires
Cautèle	défiance	**Émoustiller**	animer
Caverne	grotte	**En catimini**	en tapinois
Célèbre	fameux	**Faconde**	éloquence
Célérité	rapidité	**Factieux**	insurgé
Clairvoyance	lucidité	**Fainéant**	paresseux

146

Fallacieux	trompeur	**Laid**	disgracieux
Famélique	étique.	**Lamentable**	déplorable
Fanfreluche	colifichet	**Lancer**	jeter
Fantasque	capricieux	**Langueur**	abattement
Faraud	fanfaron	**Magnanimité**	grandeur d'âme
Faribole	baliverne	**Maigre**	décharné
Faste	pompe	**Majestueux**	grandiose ou
Gâterie	cajolerie		imposant
Génuflexion	agenouillement	**Majorer**	augmenter
Glabre	imberbe	**Maléfice**	ensorcellement
Glorification	apologie	**Niais**	jobard
Godillot	brodequin	**Nocif**	nuisible
Goguenard	narquois	**Nomade**	errant
Gonfanon	étendard	**Notoriété**	renommée
Gouape	voyou.	**Nuire**	léser
Gracile	grêle	**Occulte**	caché
Gravats	décombres	**Ombrageux**	défiant
Haillons	guenilles	**Onctueux**	mielleux
Harangue	allocution, discours	**Onguent**	pommade
Harassé	épuisé	**Opiniâtreté**	ténacité
Harceler	tourmenter	**Pâle**	blême
Hargneux	acariâtre	**Pantois**	haletant
Hétéroclite	disparate	**Papelard**	faux
Hideux	repoussant	**Paraphrase**	commentaire
Hirsute	ébouriffé	**Paresse**	fainéantise
Honorable	estimable	**Quémander**	mendier
Hypocondriaque	atrabilaire	**Querelle**	dispute
Illusoire	chimérique	**Quiétude**	tranquillité
Imbroglio	confusion	**Quinaud**	confus
Immarcescible	impérissable	**Quittance**	acquit
Immodeste	impudique	**Rebelle**	insurgé
Immunité	exemption	**Rébus**	charade
Impavide	intrépide	**Rebut**	détritus
Impérieux	autoritaire	**Récit**	narration
Impétuosité	fougue	**Regimber** (s.f.)	se rebiffer
Imprécis	indéfini	**Scabreux**	risqué
Impudence	effronterie	**Scinder**	décomposer
Jactance	fanfaronnade	**Semblable**	similaire
Javelot	dard	**Sempiternel**	éternel
Joindre	assembler	**Sensuel**	voluptueux
Jouer	s'amuser	**Tempérance**	modération
Joyeux	gai	**Tendre**	sensible
Laconique	concis	**Tergiverser**	atermoyer

Tertre	butte	**Utopie**	chimère
Timoré	craintif	**Vaciller**	chanceler
Ulcéré	froissé	**Vague**	imprécis
Usages	convenances	**Vaillance**	bravoure
Usurper	s'arroger	**Valétudinaire**	maladif
Utile	nécessaire	**Visqueux**	gluant

Comptez-vous un point pour chaque bonne réponse après avoir consulté les corrections. Si vous avez entre 140 et 150 points, vous êtes un excellent connaisseur de la langue française. Si vous en avez entre 100 et 140, votre vocabulaire est abondant, mais vous devez l'enrichir. Si vous en avez moins de 100, sachez bien que vous devez dès maintenant pallier cette insuffisance par des lectures et une consultation fréquente de bons dictionnaires.

L'art de déceler les fautes grossières

1) S'ils sont unanimes, il est inutile et fautif d'ajouter « tous ».

2) On ne gère que des biens matériels.

3) Il y a une faute d'orthographe, car le mot doit être écrit : « damasquiner ».

4) L'opération se nomme la datation.

5) On pallie une insuffisance, car c'est un verbe transitif ou actif.

6) Du tartre ! Le dartre est l'ancien nom d'affections de la peau, telles que l'impétigo ou l'acné...

7) On doit dire : « une grande expérience », ou bien « elle est experte en matière de pédagogie », car le mot « expertise » désigne la procédure qui consiste à requérir l'avis d'un spécialiste en tel domaine, ou est utilisé quand il s'agit d'une estimation à l'occasion d'un litige ou d'un accident.

8) Il s'agit là d'une faute grossière. L'acception d'un mot est le sens qu'on lui donne parce qu'il est accepté par l'usage.

9) « Excepté », « passé », « supposé » placés devant le nom sont des prépositions et non plus des adjectifs. Ils restent invariables.

10) « Ci-joint » et « inclus » sont invariables quand ils sont placés :
– au commencement d'une phrase (par exemple : ci-joint votre lettre) ;
– dans une phrase, si le nom qui suit n'est précédé ni de l'article ni d'un adjectif (par exemple : vous trouverez ci-joint quittance ; vous avez ci-inclus copie de la lettre).

11) Il fallait écrire « des demi-mesures », car demi placé devant le nom reste invariable et il est joint au nom par un trait d'union (par exemple : une demi-heure ; des demi-mesures).

12) Il est vrai que « gens » est féminin, mais il est masculin lorsque les adjectifs ou les participes le précèdent ou le suivent. Par exemple : « Les gens riches sont heureux ». Mais si un adjectif est placé immédiatement avant le mot gens, il est au féminin : par exemple, « toutes les sottes gens sont vaniteuses », ou « Ce sont de bonnes gens ». Malheureusement, ce n'est pas fini. « Gens » est un cas très compliqué, car si l'adjectif qui précède gens est terminé au masculin par un e muet, comme par exemple brave, l'adjectif et tous ceux qui précèdent « gens » se mettent au masculin. Par exemple : tous les braves gens. De quoi décourager les étrangers...

13) Au masculin pluriel, plusieurs adjectifs finissent indifféremment par « als » ou « aux » : final, jovial, matinal. On pouvait donc écrire « matinaux ». Mais « bancal, fatal, glacial, natal, naval » prennent « s » au pluriel. Imagine-t-on dire que lui et sa femme étaient « bancaux » ou que les événements étaient « fataux » ?

14) Il fallait écrire des « chapeaux roses », car cet adjectif, comme « cramoisi, écarlate, mordoré » est variable, contrairement à bien d'autres, comme « carmin, marron, orange, pompe, paille, etc ». On dit des « yeux marron » ; et si deux adjectifs sont réunis pour indiquer la couleur, ils sont invariables. Par exemple : des yeux bleu foncé, des cheveux châtain clair.

15) « Tout » suivi de « autre » varie lorsqu'il détermine le nom qui suit l'adjectif « autre » : demandez-moi toute autre chose. Mais « tout » est invariable s'il modifie « autre » et s'il est accompagné de « un » ou « une ». Par exemple : ceci est tout autre chose ; c'est une tout autre chose (autrement dit : une chose tout à fait autre).

16) On n'aime pas à être critiqué ou nous n'aimons pas qu'on nous critique. Le premier pronom « on » représente les personnes critiquées, et le second les personnes qui critiquent. Or quand le pronom « on » se trouve dans une phrase, il doit toujours se rapporter à la même personne pour éviter toute ambiguïté.

17) Le rapport de « qui » – pronom relatif – avec son antécédent ne doit donner lieu à aucune équivoque. Certaines peuvent même être assez comiques, comme celle-ci. Il fallait écrire : « J'apporte pour mes fils des cadeaux qui

sont dans mon sac ». Remarquez bien que s'il n'y a aucune équivoque, il n'est pas nécessaire que le pronom suive immédiatement l'antécédent. La Fontaine en donne un bon exemple : « Un loup survint à jeun, qui cherchait aventure ». Évidemment, on aurait pu écrire : « Un loup survint à jeun. Il cherchait aventure », ou encore : « Un loup qui cherchait aventure survint à jeun ». Remarquez au passage l'utilisation très pertinente des deux temps, imparfait et présent. Ce dernier est utilisé pour relater un fait bien délimité dans le temps, tandis que l'imparfait – comme son nom l'indique – est employé pour raconter soit un fait qui se répète, soit qui est indéterminé.

18) Lorsque « dont » marque l'origine ou l'extraction, il ne se dit que pour les personnes. Il fallait écrire : « Le sol d'où on extrait ». « La famille dont il vient est modeste » est une tournure correcte. « D'où » se rapporte à un nom de lieu déjà exprimé : « Le pays d'où je viens » ; mais, dans ce cas, il était possible de dire aussi « Le pays dont je viens ».

19) Feu Paul Léautaud (1872-1956) combattit beaucoup la forme « l'on » et s'en gaussait au point de dire et « lon lon la » et « lon lon lère ». Mais l'emploi de « l'on » est légitime s'il faut éviter un hiatus ou une consonance désagréable. Il valait mieux écrire ici : « Parlez et l'on vous répondra ».

20) « Toi qui connais la valeur des mots. » Remarquez que « connais » s'accorde avec « toi », car le pronom est toujours du même nombre et de la même personne que son antécédent, c'est-à-dire du mot qui le précède et dont il tient la place. Il en résulte que l'accord du verbe avec le sujet doit se faire comme il doit l'être avec l'antécédent.

21) Il fallait dire « vous redites » car « redire » est le seul verbe qui suit la règle des terminaisons avec faire et dire, et selon laquelle il convient d'écrire « vous faites », « vous dites », « vous contrefaites », etc. Mais tous les autres composés de dire feront « vous contredisez », « vous médisez », « vous traduisez », etc.

22) Lorsque le verbe « fleurir » signifie produire des fleurs, il est régulier : il fallait écrire « les orangers fleurissaient dès l'automne ». Mais si « fleurir » est utilisé dans un sens imagé et qu'il signifie être prospère, il devient « florissaient » à l'imparfait et « florissant » au participe présent. Par exemple : « Il jouissait d'une santé florissante. »

23) Il y a là une belle faute d'orthographe, car les verbes « mentir, partir, sentir, sortir, se repentir » perdent le « t » final du radical aux deux premières personnes du singulier de l'indicatif et à l'impératif. « Je mens, tu mens ; je pars, tu pars ; je me repens, tu te repens, repens-toi ! »

24) Cette forme amusante, qui amène à écrire « Où cours-je ? », « Où mens-je ? », ou encore « Où dors-je ? », n'a plus cours. La règle consis-

tait à changer le « e » muet en « é » fermé à la première personne du singulier dans les formes interrogatives. On ne dit évidemment pas « Chanté-je ? », car l'interlocuteur vous prendrait pour un original ou un étranger. On dit : « Est-ce que je chante ? » et, si le verbe se termine à la troisième personne du singulier par un « e » ou un « a », on place un « t » entre le verbe et le pronom. Par exemple : « Chante-t-il », ou « Parle-t-il ? »

25) « Ce sont les fleurs que tu as cueillies. » Le participe passé conjugué avec l'auxiliaire avoir s'accorde en genre et en nombre avec son complément direct quand ce complément le précède. C'est une fameuse règle que voudraient détruire les paresseux. En tout cas, n'oublions pas que le participe passé employé avec être s'accorde tout simplement en genre et en nombre avec le sujet du verbe. Par exemple : « La religion a été persécutée. » Malheureusement, cette règle est compliquée et je vais vous en redonner l'essentiel. Il est bien entendu que le participe passé reste invariable si le complément direct le suit : « Nous avons vu sa mère. » Les verbes dits intransitifs, c'est-à-dire qui n'ont jamais de complément direct, ont un participe passé invariable. Par exemple : « Ton histoire nous a plu ».

26) Il y a bel et bien une faute à « vu » qui aurait du être écrit « vus », parce que le participe passé conjugué avec avoir et suivi d'un infinitif est variable. Mais si le participe passé a pour complément direct l'infinitif, le pronom ne fait pas l'action exprimée par l'infinitif (par exemple : « Les fruits que j'ai vu cueillir »). Dans le premier exemple, « que », mis pour les fruits faisant l'action de mûrir, est complément direct de « vus ». Rappelons à cette occasion que les participes qui ont pour complément direct un infinitif sous-entendu sont toujours invariables. Par exemple : « Je lui ai joué tous les morceaux qu'il a voulu » (sous-entendu que je lui joue).

27) Le participe passé d'un verbe pronominal s'accorde avec son complément direct si ce complément le précède. La bonne orthographe était la suivante : « Les avanies qu'ils se sont envoyées. » Mais le participe passé serait resté invariable si le complément direct le suivait ou s'il n'en avait pas. Par exemple : « Ils se sont envoyé des avanies. »

28) La règle est la suivante : un verbe qui a pour sujet un nom collectif suivi d'un complément s'accorde tantôt avec le collectif, tantôt avec le complément. Le verbe s'accorde avec le collectif s'il est général, c'est-à-dire s'il désigne la totalité des personnes ou des choses dont on parle. Il est partitif lorsqu'il ne désigne qu'une partie de ces personnes ou de ces choses. Le collectif général exprime l'idée dominante. Il est souvent précédé d'un des articles « le, la, les ». Par exemple : « Le nombre des affamés est important. » Le collectif partitif est exprimé par son complément

et il est précédé d'un des articles « un » ou « une ». Dans notre exemple, c'est sur le mot personnes que porte l'intérêt. Il fallait mieux écrire : « Une foule de personnes assistèrent à ce spectacle. »

29) « Davantage » s'emploie sans complément. Il ne doit ni modifier un adjectif ni remplacer le « plus ». Il fallait écrire : « Il a plus d'argent que son frère. »

30) La tournure est fautive, car « aussitôt » ne doit pas avoir pour complément un nom seul. Il fallait écrire : « Je lui écrivis aussitôt après mon arrivée. »

À présent, comptez votre nombre d'erreurs. Si vous en avez plus de dix, n'hésitez plus à reprendre un manuel de grammaire ou traitant du bon usage. Il en existe beaucoup. Certes, certaines règles devraient être simplifiées, mais toutes celles qui existent ont leur raison d'être et obéissent à une certaine logique.

Correction des tests arithmétiques

1) 27. Il s'agit d'une suite arithmétique. C'est le nombre 6 qui établit la progression.

2) 19 (+ 2, + 3, + 4, + 5).

3) 63 (+ 3 × 3 + 3 × 3, etc.).

4) 342 (+ 1 × 2 + 3 × 4 + 5 × 6 ...).

5) 10 (de 13 à 17, il y a 4, et de 7 à 8, il y a 1, donc + 1 + 2 + 3...).

6) 0. La somme de chaque nombre s'accroît d'une unité. Le premier chiffre ne pouvait être que 0.

7) entre 5 et 7 : + 2 et entre 15 et 23 il y a 8, de sorte que de 7 à 15 le nombre est égal à 7 + 4 soit 11. De 23 à 36 il y a + 16.

8) 53 (multiplié par 2 + 3).

9) 19. Cette liste représente la liste des nombres premiers, c'est-à-dire qui ne sont divisibles que par 1 ou par eux-mêmes. C'est un des grands mystères des nombres. Il donne une bonne idée de l'infini.

10) 2. Chaque nombre est la racine du précédent. 256 est le carré de 16 et 4 celui de 2.

11) Chaque nombre est supérieur de 1 005 à celui qui le précède. La solution est donc 10 365.

12) On remarque dans le premier groupe de deux nombres que le deuxième a pour deuxième chiffre la somme des chiffres des centaines et des dizaines du précédent. La solution est donc 157 !

13) On remarque une progression de 100 – 1. Si l'on préfère, le chiffre des centaines progresse de 1 et celui des unités diminue de 1. La solution est 493.

14) On observe que la lettre placée à droite du nombre correspond au premier chiffre à gauche qui indique la place de la lettre dans l'alphabet. Les solutions sont donc : 20b ; 420d ; 50 e ; 820h.

15) On voit que chaque nombre a été multiplié par 3. Le nombre manquant est évidemment 243.

16) Le chiffre manquant est 5 puisqu'il faut que la somme des chiffres soit identique en diagonale.

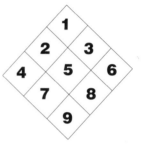

17) 104. Ce cercle ne contient que des nombres multiples de 13. Ils sont placés par ordre croissant dans le sens des aiguilles d'une montre.

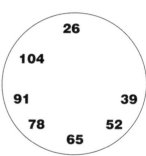

18) 1 et 13. Le tableau utilise tous les nombres entiers de 1 à 25) En additionnant tous ceux d'une ligne verticale, diagonale ou horizontale, on obtient toujours le même résultat. Remarquez bien qu'en additionnant en diagonale à partir de 17, soit 17 + 5 + 13 + 21 + 9 = 65, on obtient le même résultat qu'avec les additions horizontales ou verticales.

17	24	1	8	15
23	5	7	14	16
4	6	13	20	22
10	12	19	21	3
11	18	25	2	9

19) $3 + 3^3 + 3/3$! $3 + (3 \times 3 \times 3) + 1 = 3 + 27 + 1$.

20) Ce n'est pas plus compliqué. $33 + 3/3 = 34$!

21) $99 + 9/9 = 100$!

22) $1/3 + 1/3 + 1/3 = 1$

23) $1/2 + 1/2 + 1/2 + 1/2 = 1$.

24) Ce genre de devinettes fait appel à la connaissance des équations du second degré. Soyez tranquille, ce sera la seule. Si vous résolvez ce petit problème, sachez que vous êtes un as (ce mot n'a pas de féminin). Désignons par x le nombre d'invités donc chacun aura serré (x-1) mains. Vous me suivez ? L'ensemble des invités aura donné x (x-1) poignées de mains si tous se sont salués – et rien n'indique le contraire. Mais il ne faut pas oublier que deux invités se saluant n'échangent ensemble qu'une seule poignée de main. Divisons donc (x-1) par 2. x (x-1)/2 – x/2 (parce que les couples entre eux n'échangent pas de poignées de main) = 60. $x^2 - 2x - 120 = 0$. Vous vous souvenez certainement du fameux discriminant a + -b + -vb^2 - 4ac/2a.

25) Très facile ! $x/4 + 10 = x/3$ et $x = 120$.

26) Le petit côté mesure 20 cm, le moyen 40 cm et le grand 60 cm.

27) Son petit bouquet sera formé de 3 roses et de 3 tulipes.

28) 28 francs ! car c'est comme si elle avait acheté 12 + 13,5, soit 25,5 paquets.

29) La 201. Pourquoi ? Les deux derniers chiffres ont une progression descendante : 15 = 1 + 2 + 3 + 4 + 5. 10 = 1 + 2 + 3 + 4 etc, et les premiers chiffres suivent une progression selon les nombres pairs : 10, 8, 6...

30) $2 + 2 - (2 + 2) = 0$; $(2 + 2 + 2) - 2 = 4$; $(2 \times 2 \times 2) - 2 = 6$; $(2 + 2 + 2) \times 2 = 12$.

31) 423. Pour qu'un nombre soit divisible par 3, il faut que la somme de ses chiffres soit divisible par 3.

32) 17/10 000.

33) Il faut 3 nombres pour calculer un volume. 27 mm^3.

34) 1/12. Il suffit de vérifier ! 1/4 correspond à 0,25. Si l'on divise 0,25 par 3 on obtient 0,083 et en divisant 1 par 12 aussi.

35) Inférieurs. La somme vaut 11/12, soit 0,91.

36) 1 000 1 !

37) MCMIX.

38) MDCX.

39) 404 ; 875. Rappelons la règle – bien oubliée de tout le monde – : un nombre est divisible par 4 ou par 25 si les deux derniers chiffres de droite

sont deux zéros ou s'ils forment un nombre divisible par 4 ou 25. Par exemple 400 est divisible par 4, de même que 404 en raison de 04. Le nombre 875 est divisible par 25, car les deux derniers chiffres le sont.

40) Elle est célèbre. Elle fut trouvée par Archimède pour désigner le rapport entre la longueur de la circonférence et le diamètre, c'est-à-dire PI.

41) Oui. C'est la loi de gravitation universelle découverte par Newton. La Terre y est évidemment soumise. Toute masse à son voisinage est attirée par elle. C'est grâce à cela que nous sommes maintenus à la surface du globe. La rotation de la Terre a pour conséquence qu'à la force de gravitation s'ajoute la force d'inertie centrifuge due à cette rotation. Profitons en pour rappeler que poids et masse d'un objet ne sont pas synonymes. C'est la masse qui compte ! Un morceau de pain pèse 6 fois moins sur la Lune que sur Terre et plus rien dans la phase d'apesanteur d'un voyage spatial, mais ce pain sera aussi nutritif, car l'énergie est toujours la même.

42) Oui : le champ magnétique, le champ électrique. Toutes ces forces peuvent s'exercer même si les deux corps en interaction ne sont pas en contact direct.

43) Non ! Pour passer de l'eau froide à de l'eau en ébullition on chauffe le récipient et la température s'élève mais si l'on continue de chauffer jusqu'à 100° C, la température de l'eau ne s'élève plus. Autrement dit ne confondons surtout pas chaleur et température.

44) C'est le passage direct de l'état solide à l'état gazeux sans subir ni fusion ni vaporisation. C'est un phénomène qui ne touche que de rares solides, comme par exemple le camphre. L'inverse se nomme la condensation.

45) La célérité du son dans l'air est de 330 m par seconde.

46) À cause du phénomène de résonance – en mécanique, en acoustique, en électricité. Le bataillon de 1850 fut précipité dans le fleuve près d'Angers à cause de la résonance entre la période propre d'oscillation du pont et celle des pas.

47) C'est l'hypermétrope qui a l'œil trop court. Il lui faut des verres convergents. Le myope a l'œil long ou une courbure excessive de la cornée ou du cristallin. Il porte des verres divergents.

48) Environ 70 %.

49) C'est une défense de l'organisme contre les pertes de sang hors des vaisseaux.

50) 28. Elles sont fabriquées dans différentes régions du cœur et chacune a son rôle, ce qui est merveilleux. Vous voici un petit peu plus armé contre diverses causes d'incompréhensions. Quel conseil vous donner si ce n'est celui de continuer à vous instruire pour ne pas passer pour ce que vous n'êtes pas.

Bibliographie

ALAIN (1868-1951), *Propos sur l'éducation*, Éditions Rieder, Paris, 1928.

BERGER Gaston (1896-1960), *L'analyse du caractère*, PUF, Paris, 1958.

CONSTANT Benjamin (1767-1830), *Adolphe*, 1824.

MOLIÈRE (1622-1673), *Le Médecin malgré lui*, 1661 ; *Le Misanthrope*, 1664.

TROYAT Henri Anton, *Tchékhov*, Éditions Flammarion, Paris, 1988.

Table des matières

Avant-propos.. page   5

Comment lutter contre l'incompréhension ?.................... »   7
Mais comment se faire comprendre ?.................................. »   7
Les méfaits du langage savant... .... »   8
... et du langage simpliste.. »   9
Plusieurs attitudes qui génèrent l'incompréhension.............. »   9
La colère contre la compréhension .... »   12
Quand les manies nous manipulent.................................... »   13
L'incompréhension due au manque d'intuition
psychologique .... »   13
Garder la tête froide .... »   14
De la nécessaire modestie d'un tel ouvrage .... »   14

Pourquoi ne sommes-nous pas compris ? .... »   17
Ne pas être compris par ses proches .... »   17
Quelques exemples d'incompréhension dans la littérature..... »   22
De quelques recettes pour accroître la compréhension
dans le couple.. »   26
Comment faire évoluer en harmonie son couple
dans le temps et la société .... »   40

L'incompréhension entre parents et enfants...................... »   48
Ni trop sévère, ni trop indulgent .... »   48
La force de l'exemple .... »   49
La période de la puberté... »   51
Le soutien à ceux qui enseignent .... »   53
Rappeler l'essentiel : chaque jeune homme ou jeune fille
a un don.. »   54
Faire des études n'est pas un signe de supériorité .... »   55

Rien n'est jamais perdu d'avance .... page 56
Nul n'est inintelligent.. » 56
Le savoir n'est pas la connaissance.. » 57
Les piliers de la réussite .... » 58
Préparer ses enfants à gravir de rudes sentiers....................... » 59
Ne jamais douter .... » 59

L'incompréhension dans la vie professionnelle .... » 61
Les conflits de pouvoir.. » 61
L'inégalité de culture... » 62
La lettre et l'esprit de la lettre .... » 63
Les appréciations hâtives .... » 66
Ne pas se fier aux apparences .... » 67
Partager le pouvoir pour le garder.. » 68
La critique des décisions .... » 69
Soyez diplomate, soyez modeste, ne soyez pas original......... » 70
Le facteur d'incompréhension le plus grand : la politique...... » 71

La diversité des langues, des peuples et des religions .... » 73
L'obstacle du langage .... » 73
L'obstacle de la religion .... » 76
L'obstacle des conflits entre peuples voisins .... » 80

L'incompréhension entre les classes sociales .... » 82
La question des luttes sociales .... » 82
Le couple terrible : employeurs et employés .... » 84
Les nantis et les autres .... » 86
L'obstacle de la politique .... » 88

L'incompréhension entre métiers et professions .... » 91
Ce qui se médit : petit vademecum des plaintes .... » 92

Normal ou paranormal ? .... » 95
Les phénomènes non naturels .... » 95
Un exemple illustre : Marie à Lourdes..................................... » 96
Autre affaire : l'apparition de Fatima....................................... » 99
D'autres phénomènes... » 101

**L'astrologie : l'incompréhension entre les « rationnels »
et les autres**.. » 103
Un court historique.. » 103
Sur quoi l'astrologie est-elle fondée ?...................................... » 105
Un argument scientifique contre l'astrologie............................ » 106

Les autres attaques .... page 107
L'engouement pour l'astrologie .... » 109

Comment se faire comprendre de nos proches ? .... » 112
Être authentique .... » 112
Les remèdes à l'incompréhension................................... » 113
Se faire comprendre au bureau .... » 114

Chapitre XI – Dictionnaire des mots les plus incompris ... » 119
Comment retrouver l'agilité intellectuelle ? .... » 119
Tests de français... » 131

Annexes .... » 146
Correction du test de français....................................... » 146
L'art de déceler les fautes grossières............................. » 148
Correction des tests arithmétiques .... » 152

Bibliographie .... » 156

Achevé d'imprimer en décembre 2001
à Pavie, Italie,
sur les presses de Litoline Arti Grafiche s.n.c.

Dépôt légal : décembre 2001
Numéro d'éditeur : 6854